201 RUSSIAN VERBS

FULLY CONJUGATED
IN ALL THE TENSES
Alphabetically arranged

Patricia Anne Davis, Ph.D.

Formerly

Assistant Professor
Department of Slavic Languages
University of Pennsylvania

BARRON'S EDUCATIONAL SERIES

New York • London • Toronto • Sydney

Library of Congress Catalog Card No. 67–26140
International Standard Book No. 0-8120-0271-7
PRINTED IN THE UNITED STATES OF AMERICA

0   510   31 30 29 28 27 26

PREFACE

MANY NEW MANUALS on the Russian language have been published in this country during the last ten years. Nevertheless, the teacher of Russian still does not have available the wide choice of textbooks which teachers of French, Spanish, and German have. There are serious gaps in the textbook description of Russian grammar. *201 Russian Verbs* fills one such gap by supplying a systematic survey of Russian verbal morphology. Its publication is most welcome. [To be sure, Soviet and European handbooks of verb morphology have been published. They are, however, difficult to obtain for classroom use in this country. The supply of Soviet textbooks is notoriously subject to the notice 'out of print'.]

201 Russian Verbs is designed for use on all levels of instruction. It can be employed in a beginning high-school or college Russian course. On the other hand, it can also be used at advanced levels. Even advanced students are often uncertain, for example, of the stress in the past tense of monosyllabic verbs. The inclusion of participial forms is to be welcomed. Such forms are used very often in literary Russian, and the student should be thoroughly familiar with their morphology.

Aspectual pairs are treated consistently and clearly. Careful attention is paid to determine and indeterminate verbs. The reader should examine the Introduction carefully in order to understand the system used in the index to cross-reference related verbs.

The verbal system constitute one of the salient differences between Russian and English. Such differences cause great difficulties when Americans study Russian. This clear, practical manual will help our students overcome the difficulties arising from the morphology and accentuation of the Russian verb.

The major sources of morphological, aspectual, and accentual data used in this book are the following: S. I. Ozhegov, *Slovar' russkogo jazyka* (Moscow, 1960); L. I. Pirogova and S. L. Makarova, *Conjungation of Russian Verbs* (Moscow, n.d.); Daum and Schenk, *Die russischen Verben* (Leipzig, 1965). The verbs were selected on the basis of the vocabularies used in three well-known textbooks of beginning Russian.

Patricia Anne Davis is the former director of undergraduate Russian instruction in the Department of Slavic Languages at the University of Pennsylvania. In 1967, she participated in the Summer Exchange of Language Teachers with the Soviet Union and spent ten weeks at Moscow University. In 1968 she served as the Chairman of the College Methodology Section at the annual meeting of A.A.T.S.E.E.L. Dr.Davis is well qualified to be the author of *201 Russian Verbs*. (It is a pleasure to greet its publication.)

Morton Benson

INTRODUCTION

THE RUSSIAN VERB has always presented a great deal of difficulty to the American student. And yet, it seems, this should not be so, for many of the difficulties encountered in the verbal systems of other languages are not found in Russian. No Russian verb has more than three tenses of the indicative and one subjunctive, the imperative and perhaps four or five participial forms. There are only two conjugational patterns, and only five verbs whose forms differ so much from these patterns that they must be considered irregular.

This very simplicity may contribute to the difficulty experienced by the student, for grammar books rarely contain more than one fully conjugated sample verb for each conjugational pattern. The student is presented with rules for the formation of various verbal forms and must apply these rules to each verb as he meets it. For many students it is easier to proceed from specific examples to rules. It is these examples that this book attempts to provide. It includes 201 of the most common Russian verbs with complete conjugations and participles.

The arrangement on each page is as simple as possible in order to facilitate learning. At the top of each page both imperfective and perfective infinitives are given. The verbs are listed in alphabetical order according to the imperfective infinitive. If a student needs to know the conjugation of a perfective verb, he must look it up in the index where its imperfective infinitive is listed.

Many Russian verbs are formed by the addition of a prefix to a basic verb. Not all of these prefixed forms are conjugated here. Generally only one such verb is conjugated, and those with different prefixes are listed in the index with a cross reference to the conjugated verb.

Reflexive infinitives are listed at the top of some pages below the non-reflexive ones. This has been done only if the reflexive form is one that will be met frequently by the student and has a meaning somewhat different from the non-reflexive form. The conjugation of such reflexive verbs is identical to that of the non-reflexive verb with the addition of the reflexive particle. It must be borne in mind, however, that reflexive verbs do not have passive participles.

A discussion of the morphology of the verb is not within the scope of this book. For usage of aspects, tenses and participles, a grammar book must be consulted. However, a special word of explanation must be given for the verbs of motion. These verbs have two imperfective infinitives – indeterminate and determinate – which are conjugated together on the same page. A perfective infinitive is also listed at the top of the page but not conjugated. The perfective infinitive is followed by a second perfective infinitive with a different prefix but identical conjugation. The second verb is conjugated in full on its proper page.

No treatment of Russian verbs would be complete without some discussion of the participles. An imperfective verb can have a maximum of four adjectival participles and a perfective verb a maximum of two. Only those that occur relatively frequently are included here. The absence of a form from these pages does not necessarily imply its complete non-existence. It may mean only that the given form is rare and unlikely to be met by the student, and that its inclusion would tend to contribute to confusion rather than clarity. For this reason, the past passive participle of imperfective verbs, although it can be formed for many verbs, is included only if it is considered to be in very frequent use. For the same reason, the past-tense adverbial participle is never given for imperfective verbs although theoretically this form quite frequently can be formed.

It should be noted that certain verbal forms do not exist. Perfective verbs do not have present-tense forms or present participles. Intransitive and reflexive verbs do not have passive participles.

All adjectival participles have an adjectival declension. They are given here in the masculine nominative singular form. The other nominative forms are indicated in the sample verb pattern included at the front of the book. Adverbial participles are invariable.

The short forms of the past passive participle are given only if there is a shift of stress. If the masculine and feminine forms only are given, then the neuter and plural forms are stressed like the feminine. If masculine, feminine, and neuter forms are listed, then the plural has the same stress as the neuter. Other short forms are indicated in the sample verb patterns.

The past-tense (perfective) adverbial participle is given for most verbs in two forms – the long form being indicated in parentheses following the short form. If the long form alone is shown, then this is the only form possible.

The subject pronouns are omitted in the conjugations for the sake of simplicity. They are not necessarily omitted in normal Russian usage.

CONTENTS

SAMPLE CONJUGATION OF A NON-REFLEXIVE VERB WITH SUBJECT PRONOUNS

ПРОЩАТЬ / ПРОСТИТЬ

FORGIVE

	IMPERFECTIVE ASPECT		PERFECTIVE ASPECT	
INF.	прощáть		простúть	
PRES.	я прощáю	мы прощáем		
	ты прощáешь	вы прощáете	————	
	он			
	она прощáет	они прощáют		
	оно			
PAST	я, ты, он прощáл		я, ты, он простúл	
	я, ты, она ирощáла		я, ты, она простúла	
	оно прощáло		оно простúло	
	мы, вы, они прощáли		мы, вы, они простúли	
FUT.	я бýду прощáть	мы бýдем прощáть	я прощý	мы простúм
	ты бýдешь прощáть	вы бýдете прощáть	ты простúшь	вы простúте
	он		он	
	она бýдет прощáть	они бýдут прощáть	она простúт	они простя́т
	оно		оно	
SUBJ.	я, ты, он прощáл бы		я, ты, он простúл бы	
	я, ты, она прощáла бы		я, ты, она простúла бы	
	оно прощáло бы		оно простúло бы	
	мы, вы, они прощáли бы		мы, вы, они простúли бы	
IMP.	(ты) прощáй		(ты) простú	
	(вы) прощáйте		(вы) простúте	

PARTICIPLES

PRES. ACT.	прощáющий, -ая, -ее, -ие	————
PRES. PASS.	прощáемый, -ая, -ое, -ые	————
	(прощáем, прощáема,	
	прощáемо, прощáемы)	
PAST ACT.	прощáвший, -ая, -ее, -ие	простúвший, -ая, -ее, -ие
PAST PASS.	————	прощённый, -ая, -ое, -ые
		(прощён, прощенá, прощенó,
		прощены́)
ADV. PART.	прощáя	простúв, простúвши

viii

SAMPLE CONJUGATION OF A REFLEXIVE VERB WITH SUBJECT PRONOUNS

ПРОЩАТЬСЯ / ПРОСТИТЬСЯ

SAY FAREWELL

IMPERFECTIVE ASPECT		PERFECTIVE ASPECT	
INF. прощáться		прости́ться	
PRES. я прощáюсь	мы прощáемся		
ты прощáешься	вы прощáетесь		
он		———	
она прощáется	они прощáются		
оно			
PAST я, ты, он прощáлся		я, ты, он прости́лся	
я, ты, она прощáлась		я, ты, она прости́лась	
оно прощáлось		оно прости́лось	
мы, вы, они прощáлись		мы, вы, они прости́лись	
FUT. я бýду прощáться	мы бýдем прощáться	я прощýсь	мы прости́мся
ты бýдешь прощáться	вы бýдете прощáться	ты прости́шься	вы прости́тесь
он		он	
она бýдет про- щáться	они бýдут про- щáться	она прости́тся	они простя́тся
оно		оно	
SUBJ. я, ты, он прощáлся бы		я, ты, он прости́лся бы	
я, ты, она прощáлась бы		я, ты, она прости́лась бы	
оно прощáлось бы		оно прости́лось бы	
мы, вы, они прощáлись бы		мы, вы, они прости́лись бы	
IMP. (ты) прощáйся		(ты) прости́сь	
(вы) прощáйтесь		(вы) прости́тесь	

PARTICIPLES

PRES. ACT.	прощáющийся, прощáющаяся, прощáющееся, прощáющиеся	———
PRES. PASS.	———	———
PAST ACT.	прощáвшийся, прощáвшаяся, прощáвшееся, прощáвшиеся	прости́вшийся, прости́вшаяся, прости́вшееся, прости́вшиеся
PAST PASS.	———	———
ADV. PART.	прощáясь	прости́вшись

ABBREVIATIONS USED IN THE TEXT

adv. part.	adverbial participle
fut.	future tense
I	imperfective aspect
imp.	imperative
inf.	infinitive
P	perfective aspect
past	past tense
past act.	past active participle
past pass.	past passive participle
pres.	present tense
pres. act.	present active participle
pres. pass.	present passive participle
subj.	subjunctive
trans.	transitive

201 RUSSIAN VERBS

RUN

IMPERFECTIVE

	INDETERMINATE		DETERMINATE	
INF.	бе́гать		бежа́ть	
PRES.	бе́гаю	бе́гаем	бегу́	бежи́м
	бе́гаешь	бе́гаете	бежи́шь	бежи́те
	бе́гает	бе́гают	бежи́т	бегу́т
PAST	бе́гал		бежа́л	
	бе́гала		бежа́ла	
	бе́гало		бежа́ло	
	бе́гали		бежа́ли	
FUT.	бу́ду бе́гать	бу́дем бе́гать	бу́ду бежа́ть	бу́дем бежа́ть
	бу́дешь бе́гать	бу́дете бе́гать	бу́дешь бежа́ть	бу́дете бежа́ть
	бу́дет бе́гать	бу́дут бе́гать	бу́дет бежа́ть	бу́дут бежа́ть
SUBJ.	бе́гал бы		бежа́л бы	
	бе́гала бы		бежа́ла бы	
	бе́гало бы		бежа́ло бы	
	бе́гали бы		бежа́ли бы	
IMP.	бе́гай		беги́	
	бе́гайте		беги́те	

PARTICIPLES

PRES. ACT.	бе́гающий	бегу́щий
PRES. PASS.	———	———
PAST ACT.	бе́гавший	бежа́вший
PAST PASS.	———	———
ADV. PART.	бе́гая	———

TAKE CARE OF

IMPERFECTIVE ASPECT		PERFECTIVE ASPECT	
INF. берéчь		поберéчь	
PRES. берегу́	бережём		
бережёшь	бережёте	————	
бережёт	берегу́т		
PAST берёг		поберёг	
берегла́		поберегла́	
берегло́		поберегло́	
берегли́		поберегли́	
FUT. бу́ду берéчь	бу́дем берéчь	поберегу́	побережём
бу́дешь берéчь	бу́дете берéчь	побережёшь	побережёте
бу́дет берéчь	бу́дут берéчь	побережёт	поберегу́т
SUBJ. берёг бы		поберёг бы	
берегла́ бы		поберегла́ бы	
берегло́ бы		поберегло́ бы	
берегли́ бы		поберегли́ бы	
IMP. береги́		побереги́	
береги́те		побереги́те	

PARTICIPLES

PRES. ACT.	берегу́щий	————	
PRES. PASS.	————	————	
PAST ACT.	берёгший	поберёгший	
PAST PASS.	————	————	
ADV. PART.	————	поберёгши	

2

MAKE UNEASY
BE UNEASY

	IMPERFECTIVE ASPECT		PERFECTIVE ASPECT	
INF.	беспоко́ить		обеспоко́ить	
PRES.	беспоко́ю	беспоко́им		
	беспоко́ишь	беспоко́ите		
	беспоко́ит	беспоко́ят	———	
PAST	беспоко́ил		обеспоко́ил	
	беспоко́ила		обеспоко́ила	
	беспоко́ило		обеспоко́ило	
	беспоко́или		обеспоко́или	
FUT.	бу́ду беспоко́ить	бу́дем беспоко́ить	обеспоко́ю	обеспоко́им
	бу́дешь беспоко́ить	бу́дете беспоко́ить	обеспоко́ишь	обеспоко́ите
	бу́дет беспоко́ить	бу́дут беспоко́ить	обеспоко́ит	обеспоко́ят
SUBJ.	беспоко́ил бы		обеспоко́ил бы	
	беспоко́ила бы		обеспоко́ила бы	
	беспоко́ило бы		обеспоко́ило бы	
	беспоко́или бы		обеспоко́или бы	
IMP.	беспоко́й		———	
	беспоко́йте		———	

PARTICIPLES

PRES. ACT.	беспоко́ящий		———	
PRES. PASS.	беспоко́имый		———	
PAST ACT.	беспоко́ивший		обеспоко́ивший	
PAST PASS.	———		обеспоко́енный	
ADV. PART.	беспоко́я		обеспоко́ив(-ши)	

THANK

	IMPERFECTIVE ASPECT		PERFECTIVE ASPECT	
INF.	благодари́ть		поблагодари́ть	
PRES.	благодарю́	благодари́м	———	
	благодари́шь	благодари́те		
	благодари́т	благодаря́т		
PAST	благодари́л		поблагодари́л	
	благодари́ла		поблагодари́ла	
	благодари́ло		поблагодари́ло	
	благодари́ли		поблагодари́ли	
FUT.	бу́ду	бу́дем	поблагодарю́	поблагодари́м
	бу́дешь	бу́дете	поблагодари́шь	поблагодари́те
	бу́дет	бу́дут	поблагодари́т	поблагодаря́т
	благодари́ть	благодари́ть		
SUBJ.	благодари́л бы		поблагодари́л бы	
	благодари́ла бы		поблагодари́ла бы	
	благодари́ло бы		поблагодари́ло бы	
	благодари́ли бы		поблагодари́ли бы	
IMP.	благодари́		поблагодари́	
	благодари́те		поблагодари́те	

PARTICIPLES

PRES. ACT.	благодаря́щий	———
PRES. PASS.	———	———
PAST ACT.	благодари́вший	поблагодари́вший
PAST PASS.	———	———
ADV. PART.	благодаря́	поблагодари́в(-ши)

BE ILL / BECOME ILL

	IMPERFECTIVE ASPECT		PERFECTIVE ASPECT	
INF.	боле́ть		заболе́ть	
PRES.	боле́ю	боле́ем		
	боле́ешь	боле́ете		
	боле́ет	боле́ют	———	
PAST	боле́л		заболе́л	
	боле́ла		заболе́ла	
	боле́ло		заболе́ло	
	боле́ли		заболе́ли	
FUT.	бу́ду боле́ть	бу́дем боле́ть	заболе́ю	заболе́ем
	бу́дешь боле́ть	бу́дете боле́ть	заболе́ешь	заболе́ете
	бу́дет боле́ть	бу́дут боле́ть	заболе́ет	заболе́ют
SUBJ.	боле́л бы		заболе́л бы	
	боле́ла бы		заболе́ла бы	
	боле́ло бы		заболе́ло бы	
	боле́ли бы		заболе́ли бы	
IMP.	боле́й		заболе́й	
	боле́йте		заболе́йте	

PARTICIPLES

PRES. ACT.	боле́ющий	———
PRES. PASS.	———	———
PAST ACT.	боле́вший	заболе́вший
PAST PASS.	———	———
ADV. PART.	боле́я	заболе́в(-ши)

ACHE

	IMPERFECTIVE ASPECT		PERFECTIVE ASPECT

INF.   **боле́ть**

PRES. —————— ——————
       —————— ——————
       боли́т   **боля́т**

PAST (он) **боле́л**
      (она) **боле́ла**
      (оно) **боле́ло**
      (они) **боле́ли**

FUT. —————— ——————
     —————— ——————
     бу́дет боле́ть **бу́дут боле́ть**

SUBJ. (он) **боле́л бы**
      (она) **боле́ла бы**
      (оно) **боле́ло бы**
      (они) **боле́ли бы**

IMP. ——————
     ——————

PARTICIPLES

PRES. ACT. **боля́щий**

PRES. PASS. ——————

PAST ACT. **боле́вший**

PAST PASS. ——————

ADV. PART. ——————

BE AFRAID OF

	IMPERFECTIVE ASPECT		PERFECTIVE ASPECT	
INF.	боя́ться		побоя́ться	
PRES.	бою́сь	бои́мся		
	бои́шься	бои́тесь		
	бои́тся	боя́тся		
PAST	боя́лся		побоя́лся	
	боя́лась		побоя́лась	
	боя́лось		побоя́лось	
	боя́лись		побоя́лись	
FUT.	бу́ду боя́ться	бу́дем боя́ться	побою́сь	побои́мся
	бу́дешь боя́ться	бу́дете боя́ться	побои́шься	побои́тесь
	бу́дет боя́ться	бу́дут боя́ться	побои́тся	побоя́тся
SUBJ.	боя́лся бы		побоя́лся бы	
	боя́лась бы		побоя́лась бы	
	боя́лось бы		побоя́лось бы	
	боя́лись бы		побоя́лись бы	
IMP.	бо́йся		побо́йся	
	бо́йтесь		побо́йтесь	

PARTICIPLES

PRES. ACT.	боя́щийся		———
PRES. PASS.	———		———
PAST ACT.	боя́вшийся		побоя́вшийся
PAST PASS.	———		———
ADV. PART.	боя́сь		побоя́вшись

7

TAKE

	IMPERFECTIVE ASPECT		PERFECTIVE ASPECT	
INF.	брать		взять	
PRES.	беру́ берёшь берёт	берём берёте беру́т		
PAST	брал брала́ бра́ло бра́ли		взял взяла́ взя́ло взя́ли	
FUT.	бу́ду брать бу́дешь брать бу́дет брать	бу́дем брать бу́дете брать бу́дут брать	возьму́ возьмёшь возьмёт	возьмём возьмёте возьму́т
SUBJ.	брал бы брала́ бы бра́ло бы бра́ли бы		взял бы взяла́ бы взя́ло бы взя́ли бы	
IMP.	бери́ бери́те		возьми́ возьми́те	

PARTICIPLES

PRES. ACT.	беру́щий	———
PRES. PASS.	———	———
PAST ACT.	бра́вший	взя́вший
PAST PASS.	———	взя́тый (взят, взята́, взя́то)
ADV. PART.	беря́	взяв(-ши)

SHAVE
SHAVE ONESELF

IMPERFECTIVE ASPECT		PERFECTIVE ASPECT	
INF. брить		побри́ть	
PRES. бре́ю бре́ешь бре́ет	бре́ем бре́ете бре́ют	———	
PAST брил бри́ла бри́ло бри́ли		побри́л побри́ла побри́ло побри́ли	
FUT. бу́ду брить бу́дешь брить бу́дет брить	бу́дем брить бу́дете брить бу́дут брить	побре́ю побре́ешь побре́ет	побре́ем побре́ете побре́ют
SUBJ. брил бы бри́ла бы бри́ло бы бри́ли бы		побри́л бы побри́ла бы побри́ло бы побри́ли бы	
IMP. брей бре́йте		побре́й побре́йте	

PARTICIPLES

PRES. ACT.	бре́ющий	———	
PRES. PASS.	———	———	
PAST ACT.	бри́вший	побри́вший	
PAST PASS.	———	побри́тый	
ADV. PART.	бре́я	побри́в(-ши)	

9

THROW
RUSH

	IMPERFECTIVE ASPECT		PERFECTIVE ASPECT	
INF.	броса́ть		бро́сить	
PRES.	броса́ю броса́ешь броса́ет	броса́ем броса́ете броса́ют	———	
PAST	броса́л броса́ла броса́ло броса́ли		бро́сил бро́сила бро́сило бро́сили	
FUT.	бу́ду броса́ть бу́дешь броса́ть бу́дет броса́ть	бу́дем броса́ть бу́дете броса́ть бу́дут броса́ть	бро́шу бро́сишь бро́сит	бро́сим бро́сите бро́сят
SUBJ.	броса́л бы броса́ла бы броса́ло бы броса́ли бы		бро́сил бы бро́сила бы бро́сило бы бро́сили бы	
IMP.	броса́й броса́йте		брось бро́сьте	

PARTICIPLES

PRES. ACT.	броса́ющий	———
PRES. PASS.	броса́емый	———
PAST ACT.	броса́вший	бро́сивший
PAST PASS.	———	бро́шенный
ADV. PART.	броса́я	бро́сив(-ши)

WAKE

	IMPERFECTIVE ASPECT		PERFECTIVE ASPECT	
INF.	буди́ть		разбуди́ть	
PRES.	бужу́	бу́дим		
	бу́дишь	бу́дите	———	
	бу́дит	бу́дят		
PAST	буди́л		разбуди́л	
	буди́ла		разбуди́ла	
	буди́ло		разбуди́ло	
	буди́ли		разбуди́ли	
FUT.	бу́ду буди́ть	бу́дем буди́ть	разбужу́	разбу́дим
	бу́дешь буди́ть	бу́дете буди́ть	разбу́дишь	разбу́дите
	бу́дет буди́ть	бу́дут буди́ть	разбу́дит	разбу́дят
SUBJ.	буди́л бы		разбуди́л бы	
	буди́ла бы		разбуди́ла бы	
	буди́ло бы		разбуди́ло бы	
	буди́ли бы		разбуди́ли бы	
IMP.	буди́		разбуди́	
	буди́те		разбуди́те	

PARTICIPLES

PRES. ACT.	буди́щий	———	
PRES. PASS.	буди́мый	———	
PAST ACT.	буди́вший	разбуди́вший	
PAST PASS.	———	разбу́женный	
ADV. PART.	будя́	разбуди́в(-ши)	

БЫТЬ

BE

	IMPERFECTIVE ASPECT		PERFECTIVE ASPECT
INF.	быть		
PRES.	———		
PAST	был	не́ был	
	была́	не была́	
	бы́ло	не́ было	
	бы́ли	не́ были	
FUT.	бу́ду	бу́дем	
	бу́дешь	бу́дете	
	бу́дет	бу́дут	
SUBJ.	был бы		
	была́ бы		
	бы́ло бы		
	бы́ли бы		
IMP.	будь		
	бу́дьте		

PARTICIPLES

PRES. ACT.	———
PRES. PASS.	———
PAST ACT.	бы́вший
PAST PASS.	———
ADV. PART.	бу́дучи

IMPERFECTIVE ASPECT		PERFECTIVE ASPECT	
INF.	вбега́ть	вбежа́ть	

PRES.

вбега́ю	вбега́ем		
вбега́ешь	вбега́ете	———	
вбега́ет	вбега́ют		

PAST

вбега́л		вбежа́л
вбега́ла		вбежа́ла
вбега́ло		вбежа́ло
вбега́ли		вбежа́ли

FUT.

бу́ду вбега́ть	бу́дем вбега́ть	вбегу́	вбежи́м
бу́дешь вбега́ть	бу́дете вбега́ть	вбежи́шь	вбежи́те
бу́дет вбега́ть	бу́дут вбега́ть	вбежи́т	вбегу́т

SUBJ.

вбега́л бы	вбежа́л бы
вбега́ла бы	вбежа́ла бы
вбега́ло бы	вбежа́ло бы
вбега́ли бы	вбежа́ли бы

IMP.

вбега́й	вбеги́
вбега́йте	вбеги́те

PARTICIPLES

PRES. ACT.	вбега́ющий	———
PRES. PASS.	———	———
PAST ACT.	вбега́вший	вбежа́вший
PAST PASS.	———	———
ADV. PART.	вбега́я	вбежа́в(-ши)

LEAD IN, INTRODUCE

	IMPERFECTIVE ASPECT		PERFECTIVE ASPECT	
INF.	вводи́ть		ввести́	
PRES.	ввожу́	вво́дим		
	вво́дишь	вво́дите		
	вво́дит	вво́дят	———	
PAST	вводи́л		ввёл	
	вводи́ла		ввела́	
	вводи́ло		ввело́	
	вводи́ли		ввели́	
FUT.	бу́ду вводи́ть	бу́дем вводи́ть	введу́	введём
	бу́дешь вводи́ть	бу́дете вводи́ть	введёшь	введёте
	бу́дет вводи́ть	бу́дут вводи́ть	введёт	введу́т
SUBJ.	вводи́л бы		ввёл бы	
	вводи́ла бы		ввела́ бы	
	вводи́ло бы		ввело́ бы	
	вводи́ли бы		ввели́ бы	
IMP.	вводи́		введи́	
	вводи́те		введи́те	

PARTICIPLES

PRES. ACT.	вводя́щий	———
PRES. PASS.	вводи́мый	———
PAST ACT.	вводи́вший	вве́дший
PAST PASS.	———	введённый (введён, введена́)
ADV. PART.	вводя́	вве́дши*

---

*Note in Compounds привести́ - приведя́
увести́ - уведя́

14

IMPORT

	IMPERFECTIVE ASPECT		PERFECTIVE ASPECT	
INF.	ввози́ть		ввезти́	
PRES.	ввожу́	вво́зим		
	вво́зишь	вво́зите	———	
	вво́зит	вво́зят		
PAST	ввози́л		ввёз	
	ввози́ла		ввезла́	
	ввози́ло		ввезло́	
	ввози́ли		ввезли́	
FUT.	бу́ду ввози́ть	бу́дем ввози́ть	ввезу́	ввезём
	бу́дешь ввози́ть	бу́дете ввози́ть	ввезёшь	ввезёте
	бу́дет ввози́ть	бу́дут ввози́ть	ввезёт	ввезу́т
SUBJ.	ввози́л бы		ввёз бы	
	ввози́ла бы		ввезла́ бы	
	ввози́ло бы		ввезло́ бы	
	ввози́ли бы		ввезли́ бы	
IMP.	ввози́		ввези́	
	ввози́те		ввези́те	

PARTICIPLES

PRES. ACT.	ввозя́щий	—— ——
PRES. PASS.	ввози́мый	———
PAST ACT.	ввози́вший	ввёзший
PAST PASS.	———	ввезённый (ввезён, ввезена́)
ADV. PART.	ввозя́	ввёзши

BELIEVE

	IMPERFECTIVE ASPECT		PERFECTIVE ASPECT	
INF.	ве́рить		пове́рить	
PRES.	ве́рю	ве́рим		
	ве́ришь	ве́рите	———	
	ве́рит	ве́рят		
PAST	ве́рил		пове́рил	
	ве́рила		пове́рила	
	ве́рило		пове́рило	
	ве́рили		пове́рили	
FUT.	бу́ду ве́рить	бу́дем ве́рить	пове́рю	пове́рим
	бу́дешь ве́рить	бу́дете ве́рить	пове́ришь	пове́рите
	бу́дет ве́рить	бу́дут ве́рить	пове́рит	пове́рят
SUBJ.	ве́рил бы		пове́рил бы	
	ве́рила бы		пове́рила бы	
	ве́рило бы		пове́рило бы	
	ве́рили бы		пове́рили бы	
IMP.	верь		пове́рь	
	ве́рьте		пове́рьте	

PARTICIPLES

PRES. ACT.	ве́рящий	———
PRES. PASS.	———	———
PAST ACT.	ве́ривший	пове́ривший
PAST PASS.	———	———
ADV. PART.	ве́ря	пове́рив(-ши)

EXPLODE (TRANS.)

IMPERFECTIVE ASPECT		PERFECTIVE ASPECT	

INF.	взрыва́ть		взорва́ть	

PRES.	взрыва́ю	взрыва́ем		
	взрыва́ешь	взрыва́ете	———	
	взрыва́ет	взрыва́ют		

PAST	взрыва́л		взорва́л	
	взрыва́ла		взорвала́	
	взрыва́ло		взорва́ло	
	взрыва́ли		взорва́ли	

FUT.	бу́ду взрыва́ть	бу́дем взрыва́ть	взорву́	взорвём
	бу́дешь взрыва́ть	бу́дете взрыва́ть	взорвёшь	взорвёте
	бу́дет взрыва́ть	бу́дут взрыва́ть	взорвёт	взорву́т

SUBJ.	взрыва́л бы		взорва́л бы	
	взрыва́ла бы		взорвала́ бы	
	взрыва́ло бы		взорва́ло бы	
	взрыва́ли бы		взорва́ли бы	

IMP.	взрыва́й		взорви́	
	взрыва́йте		взорви́те	

PARTICIPLES

PRES. ACT.	взрыва́ющий	———

PRES. PASS.	взрыва́емый	———

PAST ACT.	взрыва́вший	взорва́вший

PAST PASS.	———	взо́рванный

ADV. PART.	взрыва́я	взорва́в(-ши)

17

ВИДЕТЬ/УВИДЕТЬ

SEE/CATCH SIGHT OF

	IMPERFECTIVE ASPECT		PERFECTIVE ASPECT	
INF.	ви́деть		уви́деть	
PRES.	ви́жу	ви́дим		
	ви́дишь	ви́дите	———	
	ви́дит	ви́дят		
PAST	ви́дел		уви́дел	
	ви́дела		уви́дела	
	ви́дело		уви́дело	
	ви́дели		уви́дели	
FUT.	бу́ду ви́деть	бу́дем ви́деть	уви́жу	уви́дим
	бу́дешь ви́деть	бу́дете ви́деть	уви́дишь	уви́дите
	бу́дет ви́деть	бу́дут ви́деть	уви́дит	уви́дят
SUBJ.	ви́дел бы		уви́дел бы	
	ви́дела бы		уви́дела бы	
	ви́дело бы		уви́дело бы	
	ви́дели бы		уви́дели бы	
IMP.	———*		———	
	———		———	

PARTICIPLES

PRES. ACT.	ви́дящий	———
PRES. PASS.	ви́димый	———
PAST ACT.	ви́девший	уви́девший
PAST PASS.	ви́денный	уви́денный
ADV. PART.	ви́дя	уви́дев(-ши)

*Compounds have imperatives

18

BE HANGING

	IMPERFECTIVE ASPECT	PERFECTIVE ASPECT

INF. висе́ть

PRES. вишу́   виси́м
виси́шь   виси́те
виси́т   вися́т

PAST висе́л
висе́ла
висе́ло
висе́ли

FUT. бу́ду висе́ть   бу́дем висе́ть
бу́дешь висе́ть   бу́дете висе́ть
бу́дет висе́ть   бу́дут висе́ть

SUBJ. висе́л бы
висе́ла бы
висе́ло бы
висе́ли бы

IMP. виси́
виси́те

PARTICIPLES

PRES. ACT. вися́щий

PRES. PASS. ———

PAST ACT. висе́вший

PAST PASS. ———

ADV. PART. вися́

INCLUDE, SWITCH ON

	IMPERFECTIVE ASPECT		PERFECTIVE ASPECT	
INF.	включа́ть		включи́ть	
PRES.	включа́ю включа́ешь включа́ет	включа́ем включа́ете включа́ют	———	
PAST	включа́л включа́ла включа́ло включа́ли		включи́л включи́ла включи́ло включи́ли	
FUT.	бу́ду включа́ть бу́дешь включа́ть бу́дет включа́ть	бу́дем включа́ть бу́дете включа́ть бу́дут включа́ть	включу́ включи́шь включи́т	включи́м включи́те включа́т
SUBJ.	включа́л бы включа́ла бы включа́ло бы включа́ли бы		включи́л бы включи́ла бы включи́ло бы включи́ли бы	
IMP.	включа́й включа́йте		включи́ включи́те	

PARTICIPLES

PRES. ACT.	включа́ющий	———
PRES. PASS.	включа́емый	———
PAST ACT.	включа́вший	включи́вший
PAST PASS.	———	включённый (включён, включена́)
ADV. PART.	включа́я	включи́в(-ши)

20

	IMPERFECTIVE ASPECT		PERFECTIVE ASPECT	
INF.	влета́ть		влете́ть	
PRES.	влета́ю	влета́ем		
	влета́ешь	влета́ете	———	
	влета́ет	влета́ют		
PAST	влета́л		влете́л	
	влета́ла		влете́ла	
	влета́ло		влете́ло	
	влета́ли		влете́ли	
FUT.	бу́ду влета́ть	бу́дем влета́ть	влечу́	влети́м
	бу́дешь влета́ть	бу́дете влета́ть	влети́шь	влети́те
	бу́дет влета́ть	бу́дут влета́ть	влети́т	влетя́т
SUBJ.	влета́л бы		влете́л бы	
	влета́ла бы		влете́ла бы	
	влета́ло бы		влете́ло бы	
	влета́ли бы		влете́ли бы	
IMP.	влета́й		влети́	
	влета́йте		влети́те	

PARTICIPLES

PRES. ACT.	влета́ющий		———
PRES. PASS.	———		———
PAST ACT.	влета́вший		влете́вший
PAST PASS.	———		———
ADV. PART.	влета́я		влете́в(-ши)

ВНОСИТЬ / ВНЕСТИ

CARRY IN

	IMPERFECTIVE ASPECT		PERFECTIVE ASPECT	
INF.	вноси́ть		внести́	
PRES.	ВНОШУ́	ВНО́СИМ		
	ВНО́СИШЬ	ВНО́СИТЕ	———	
	ВНО́СИТ	ВНО́СЯТ		
PAST	ВНОСИ́Л		ВНЁС	
	вноси́ла		внесла́	
	вноси́ло		внесло́	
	вноси́ли		внесли́	
FUT.	бу́ду вноси́ть	бу́дем вноси́ть	внесу́	внесём
	бу́дешь вноси́ть	бу́дете вноси́ть	внесёшь	внесёте
	бу́дет вноси́ть	бу́дут вноси́ть	внесёт	внесу́т
SUBJ.	вноси́л бы		внёс бы	
	вноси́ла бы		внесла́ бы	
	вноси́ло бы		внесло́ бы	
	вноси́ли бы		внесли́ бы	
IMP.	вноси́		внеси́	
	вноси́те		внеси́те	

PARTICIPLES

PRES. ACT.	вноси́щий	———
PRES. PASS.	вноси́мый	———
PAST ACT.	вноси́вший	внёсший
PAST PASS.	———	внесённый (внесён, внесена́)
ADV. PART.	внося́	внёсши

IMPERFECTIVE

	INDETERMINATE		DETERMINATE	
INF.	води́ть		вести́	
PRES.	вожу́	во́дим	веду́	ведём
	во́дишь	во́дите	ведёшь	ведёте
	во́дит	во́дят	ведёт	веду́т
PAST	води́л		вёл	
	води́ла		вела́	
	води́ло		вело́	
	води́ли		вели́	
FUT.	бу́ду води́ть	бу́дем води́ть	бу́ду вести́	бу́дем вести́
	бу́дешь води́ть	бу́дете води́ть	бу́дешь вести́	бу́дете вести́
	бу́дет води́ть	бу́дут води́ть	бу́дет вести́	бу́дут вести́
SUBJ.	води́л бы		вёл бы	
	води́ла бы		вела́ бы	
	води́ло бы		вело́ бы	
	води́ли бы		вели́ бы	
IMP.	води́		веди́	
	води́те		веди́те	

PARTICIPLES

PRES. ACT.	водя́щий	веду́щий
PRES. PASS.	води́мый	ведо́мый
PAST ACT.	води́вший	ве́дший
PAST PASS.	———	———
ADV. PART.	водя́	ведя́

ВОЗВРАЩАТЬ / ВОЗВРАТИТЬ
ВОЗВРАЩАТЬСЯ / ВОЗВРАТИТЬСЯ

RETURN, GIVE BACK
RETURN, GO BACK

	IMPERFECTIVE ASPECT		PERFECTIVE ASPECT	
INF.	возвраща́ть		возврати́ть	
PRES.	возвраща́ю	возвраща́ем		
	возвраща́ешь	возвраща́ете	———	
	возвраща́ет	возвраща́ют		
PAST	возвраща́л		возврати́л	
	возвраща́ла		возврати́ла	
	возвраща́ло		возврати́ло	
	возвраща́ли		возврати́ли	
FUT.	бу́ду возвраща́ть	бу́дем возвраща́ть	возвращу́	возврати́м
	бу́дешь возвраща́ть	бу́дете возвраща́ть	возврати́шь	возврати́те
	бу́дет возвраща́ть	бу́дут возвраща́ть	возврати́т	возвратя́т
SUBJ.	возвраща́л бы		возврати́л бы	
	возвраща́ла бы		возврати́ла бы	
	возвраща́ло бы		возврати́ло бы	
	возвраща́ли бы		возврати́ли бы	
IMP.	возвраща́й		возврати́	
	возвраща́йте		возврати́те	

PARTICIPLES

PRES. ACT.	возвраща́ющий	———
PRES. PASS.	возвраща́емый	———
PAST ACT.	возвраща́вший	возврати́вший
PAST PASS.	———	возвращённый (возвращён, возвращена́)
ADV. PART.	возвраща́я	возврати́в(-ши)

CARRY BY VEHICLE

IMPERFECTIVE

	INDETERMINATE		DETERMINATE	
INF.	вози́ть		везти́	
PRES.	вожу́	во́зим	везу́	везём
	во́зишь	во́зите	везёшь	везёте
	во́зит	во́зят	везёт	везу́т
PAST	вози́л		вёз	
	вози́ла		везла́	
	вози́ло		везло́	
	вози́ли		везли́	
FUT.	бу́ду вози́ть	бу́дем вози́ть	бу́ду везти́	бу́дем везти́
	бу́дешь вози́ть	бу́дете вози́ть	бу́дешь везти́	бу́дете везти́
	бу́дет вози́ть	бу́дут вози́ть	бу́дет везти́	бу́дут везти́
SUBJ.	вози́л бы		вёз бы	
	вози́ла бы		везла́ бы	
	вози́ло бы		везло́ бы	
	вози́ли бы		везли́ бы	
IMP.	вози́		вези́	
	вози́те		вези́те	

PARTICIPLES

PRES. ACT.	вози́щий		везу́щий
PRES. PASS.	вози́мый		———
PAST ACT.	вози́вший		вёзший
PAST PASS.	———		———
ADV. PART.	возя́		везя́

ВСТАВАТЬ / ВСТАТЬ

GET UP

	IMPERFECTIVE ASPECT		PERFECTIVE ASPECT	
INF.	вставáть		встать	
PRES.	встаю́	встаём	———	
	встаёшь	встаёте		
	встаёт	встаю́т		
PAST	вставáл		встал	
	вставáла		вcталá	
	вставáло		встáло	
	вставáли		встáли	
FUT.	бýду вставáть	бýдем вставáть	встáну	встáнем
	бýдешь вставáть	бýдете вставáть	встáнешь	встáнете
	бýдет вставáть	бýдут вставáть	встáнет	встáнут
SUBJ.	вставáл бы		встал бы	
	вставáла бы		вcталá бы	
	вставáло бы		встáло бы	
	вставáли бы		встáли бы	
IMP.	вставáй		встань	
	вставáйте		встáньте	

PARTICIPLES

PRES. ACT.	встаю́щий	———
PRES. PASS.	———	———
PAST ACT.	вставáвший	встáвший
PAST PASS.	———	———
ADV. PART.	вставáя	встáв(-ши)

IMPERFECTIVE ASPECT		PERFECTIVE ASPECT	
INF.	встреча́ть		встре́тить

PRES.	встреча́ю	встреча́ем	
	встреча́ешь	встреча́ете	———
	встреча́ет	встреча́ют	

PAST	встреча́л		встре́тил
	встреча́ла		встре́тила
	встреча́ло		встре́тило
	встреча́ли		встре́тили

FUT.	бу́ду встреча́ть	бу́дем встреча́ть	встре́чу	встре́тим
	бу́дешь встреча́ть	бу́дете встреча́ть	встре́тишь	встре́тите
	бу́дет встреча́ть	бу́дут встреча́ть	встре́тит	встре́тят

SUBJ.	встреча́л бы		встре́тил бы
	встреча́ла бы		встре́тила бы
	встреча́ло бы		встре́тило бы
	встреча́ли бы		встре́тили бы

IMP.	встреча́й		встре́ть
	встреча́йте		встре́тьте

PARTICIPLES

PRES. ACT.	встреча́ющий	———
PRES. PASS.	встреча́емый	———
PAST ACT.	встреча́вший	встре́тивший
PAST PASS.	———	встре́ченный
ADV. PART.	встреча́я	встре́тив(-ши)

WALK IN

	IMPERFECTIVE ASPECT		PERFECTIVE ASPECT	
INF.	входи́ть		войти́	
PRES.	вхожу́	вхо́дим		
	вхо́дишь	вхо́дите		
	вхо́дит	вхо́дят	———	
PAST	входи́л		вошёл	
	входи́ла		вошла́	
	входи́ло		вошло́	
	входи́ли		вошли́	
FUT.	бу́ду входи́ть	бу́дем входи́ть	войду́	войдём
	бу́дешь входи́ть	бу́дете входи́ть	войдёшь	войдёте
	бу́дет входи́ть	бу́дут входи́ть	войдёт	войду́т
SUBJ.	входи́л бы		вошёл бы	
	входи́ла бы		вошла́ бы	
	входи́ло бы		вошло́ бы	
	входи́ли бы		вошли́ бы	
IMP.	входи́		войди́	
	входи́те		войди́те	

PARTICIPLES

PRES. ACT.	входя́щий	———
PRES. PASS.	———*	———
PAST ACT.	входи́вший	воше́дший
PAST PASS.	———	———*
ADV. PART.	входя́	войдя́

*Transitive compounds have passive participles as follows:

	найти́ - на́йденный
обходи́ть - обходи́мый	обойти́ - обойдённый
переходи́ть - переходи́мый	перейти́ - перейдённый
проходи́ть - проходи́мый	пройти́ - про́йденный

DRIVE IN

IMPERFECTIVE ASPECT		PERFECTIVE ASPECT	
INF. въезжа́ть		въѣхать	
PRES. въезжа́ю	въезжа́ем		
въезжа́ешь	въезжа́ете	———	
въезжа́ет	въезжа́ют		
PAST въезжа́л		въѣхал	
въезжа́ла		въѣхала	
въезжа́ло		въѣхало	
въезжа́ли		въѣхали	
FUT. бу́ду въезжа́ть	бу́дем въезжа́ть	въѣду	въѣдем
бу́дешь въезжа́ть	бу́дете въезжа́ть	въѣдешь	въѣдете
бу́дет въезжа́ть	бу́дут въезжа́ть	въѣдет	въѣдут
SUBJ. въезжа́л бы		въѣхал бы	
въезжа́ла бы		въѣхала бы	
въезжа́ло бы		въѣхало бы	
въезжа́ли бы		въѣхали бы	
IMP. въезжа́й		———	
въезжа́йте		———	

PARTICIPLES

PRES. ACT. въезжа́ющий		———
PRES. PASS. ———		———
PAST ACT. въезжа́вший		въѣхавший
PAST PASS. ———		———
ADV. PART. въезжа́я		въѣхав(-ши)

PASS (an exam)

	IMPERFECTIVE ASPECT		PERFECTIVE ASPECT	
INF.	вы́де́рживать		вы́держать	
PRES.	выде́рживаю	выде́рживаем		
	выде́рживаешь	выде́рживаете	———	
	выде́рживает	выде́рживают		
PAST	выде́рживал		вы́держал	
	выде́рживала		вы́держала	
	выде́рживало		вы́держало	
	выде́рживали		вы́держали	
FUT.	бу́ду	бу́дем	вы́держу	вы́держим
	бу́дешь	бу́дете	вы́держишь	вы́держите
	бу́дет	бу́дут	вы́держит	вы́держат
	выде́рживать	выде́рживать		
SUBJ.	выде́рживал бы		вы́держал бы	
	выде́рживала бы		вы́держала бы	
	выде́рживало бы		вы́держало бы	
	выде́рживали бы		вы́держали бы	
IMP.	выде́рживай		вы́держи	
	выде́рживайте		вы́держите	

PARTICIPLES

PRES. ACT.	выде́рживающий	———
PRES. PASS.	———	———
PAST ACT.	выде́рживавший	вы́державший
PAST PASS.	———	вы́держанный
ADV. PART.	выде́рживая	вы́держав(-ши)

IMPERFECTIVE ASPECT		PERFECTIVE ASPECT	
INF.	вы́игрывать		вы́играть
PRES.	вы́игрываю вы́игрываешь вы́игрывает	вы́игрываем вы́игрываете вы́игрывают	———
PAST	вы́игрывал вы́игрывала вы́игрывало вы́игрывали		вы́играл вы́играла вы́играло вы́играли
FUT.	бу́ду вы́игрывать бу́дешь вы́игрывать бу́дет вы́игрывать	бу́дем вы́игрывать бу́дете вы́игрывать бу́дут вы́игрывать	вы́играю вы́играешь вы́играет	вы́играем вы́играете вы́играют
SUBJ.	вы́игрывал бы вы́игрывала бы вы́игрывало бы вы́игрывали бы		вы́играл бы вы́играла бы вы́играло бы вы́играли бы
IMP.	вы́игрывай вы́игрывайте		вы́играй вы́играйте

PARTICIPLES

PRES. ACT.	вы́игрывающий		———
PRES. PASS.	вы́игрываемый		———
PAST ACT.	вы́игрывавший		вы́игравший
PAST PASS.	———		вы́игранный
ADV. PART.	вы́игрывая		вы́играв(-ши)

FULFIL

	IMPERFECTIVE ASPECT		PERFECTIVE ASPECT	
INF.	выполня́ть		вы́полнить	
PRES.	выполня́ю	выполня́ем	———	
	выполня́ешь	выполня́ете		
	выполня́ет	выполня́ют		
PAST	выполня́л		вы́полнил	
	выполня́ла		вы́полнила	
	выполня́ло		вы́полнило	
	выполня́ли		вы́полнили	
FUT.	бу́ду выполня́ть	бу́дем выполня́ть	вы́полню	вы́полним
	бу́дешь выполня́ть	бу́дете выполня́ть	вы́полнишь	вы́полните
	бу́дет выполня́ть	бу́дут выполня́ть	вы́полнит	вы́полнят
SUBJ.	выполня́л бы		вы́полнил бы	
	выполня́ла бы		вы́полнила бы	
	выполня́ло бы		вы́полнило бы	
	выполня́ли бы		вы́полнили бы	
IMP.	выполня́й		вы́полни	
	выполня́йте		вы́полните	

PARTICIPLES

PRES. ACT.	выполня́ющий	———
PRES. PASS.	выполня́емый	———
PAST ACT.	выполня́вший	вы́полнивший
PAST PASS.	———	вы́полненный
ADV. PART.	выполня́я	вы́полнив(-ши)

	IMPERFECTIVE ASPECT		PERFECTIVE ASPECT	
INF.	выража́ть		вы́разить	
PRES.	выража́ю	выража́ем		
	выража́ешь	выража́ете	———	
	выража́ет	выража́ют		
PAST	выража́л		вы́разил	
	выража́ла		вы́разила	
	выража́ло		вы́разило	
	выража́ли		вы́разили	
FUT.	бу́ду выража́ть	бу́дем выража́ть	вы́ражу	вы́разим
	бу́дешь выража́ть	бу́дете выража́ть	вы́разишь	вы́разите
	бу́дет выража́ть	бу́дут выража́ть	вы́разит	вы́разят
SUBJ.	выража́л бы		вы́разил бы	
	выража́ла бы		вы́разила бы	
	выража́ло бы		вы́разило бы	
	выража́ли бы		вы́разили бы	
IMP.	выража́й		вы́рази	
	выража́йте		вы́разите	

PARTICIPLES

PRES. ACT.	выража́ющий	———
PRES. PASS.	выража́емый	———
PAST ACT.	выража́вший	вы́разивший
PAST PASS.	———	вы́раженный
ADV. PART.	выража́я	вы́разив(-ши)

PULL OUT

	IMPERFECTIVE ASPECT		PERFECTIVE ASPECT	
INF.	вытя́гивать		вы́тянуть	
PRES.	вытя́гиваю	вытя́гиваем		
	вытя́гиваешь	вытя́гиваете	————	
	вытя́гивает	вытя́гивают		
PAST	вытя́гивал		вы́тянул	
	вытя́гивала		вы́тянула	
	вытя́гивало		вы́тянуло	
	вытя́гивали		вы́тянули	
FUT.	бу́ду вытя́гивать	бу́дем вытя́гивать	вы́тяну	вы́тянем
	бу́дешь вытя́гивать	бу́дете вытя́гивать	вы́тянешь	вы́тянете
	бу́дет вытя́гивать	бу́дут вытя́гивать	вы́тянет	вы́тянут
SUBJ.	вытя́гивал бы		вы́тянул бы	
	вытя́гивала бы		вы́тянула бы	
	вытя́гивало бы		вы́тянуло бы	
	вытя́гивали бы		вы́тянули бы	
IMP.	вытя́гивай		вы́тяни	
	вытя́гивайте		вы́тяните	

PARTICIPLES

PRES. ACT.	вытя́гивающий	————
PRES. PASS.	вытя́гиваемый	————
PAST ACT.	вытя́гивавший	вы́тянувший
PAST PASS.	————	вы́тянутый
ADV. PART.	вытя́гивая	вы́тянув(-ши)

34

TALK, SAY

IMPERFECTIVE ASPECT		PERFECTIVE ASPECT	
INF.	говори́ть		сказа́ть

PRES.	говорю́	говори́м	———	
	говори́шь	говори́те		
	говори́т	говоря́т		

PAST	говори́л		сказа́л
	говори́ла		сказа́ла
	говори́ло		сказа́ло
	говори́ли		сказа́ли

FUT.	бу́ду говори́ть	бу́дем говори́ть	скажу́	ска́жем
	бу́дешь говори́ть	бу́дете говори́ть	ска́жешь	ска́жете
	бу́дет говори́ть	бу́дут говори́ть	ска́жет	ска́жут

SUBJ.	говори́л бы		сказа́л бы
	говори́ла бы		сказа́ла бы
	говори́ло бы		сказа́ло бы
	говори́ли бы		сказа́ли бы

IMP.	говори́		скажи́
	говори́те		скажи́те

PARTICIPLES

PRES. ACT.	говоря́щий	———
PRES. PASS.	———	———
PAST ACT.	говори́вший	сказа́вший
PAST PASS.	———	ска́занный
ADV. PART.	говоря́	сказа́в(-ши)

BURN

IMPERFECTIVE ASPECT		PERFECTIVE ASPECT	
INF. горе́ть		сгоре́ть	
PRES. горю́	гори́м		
гори́шь	гори́те		
гори́т	горя́т	———	
PAST горе́л		сгоре́л	
горе́ла		сгоре́ла	
горе́ло		сгоре́ло	
горе́ли		сгоре́ли	
FUT. бу́ду горе́ть	бу́дем горе́ть	сгорю́	сгори́м
бу́дешь горе́ть	бу́дете горе́ть	сгори́шь	сгори́те
бу́дет горе́ть	бу́дут горе́ть	сгори́т	сгоря́т
SUBJ. горе́л бы		сгоре́л бы	
горе́ла бы		сгоре́ла бы	
горе́ло бы		сгоре́ло бы	
горе́ли бы		сгоре́ли бы	
IMP. гори́		сгори́	
гори́те		сгори́те	

PARTICIPLES

PRES. ACT. горя́щий		———
PRES. PASS. ———		———
PAST ACT. горе́вший		сгоре́вший
PAST PASS. ———		———
ADV. PART. горя́		сгоре́в(-ши)

PREPARE

	IMPERFECTIVE ASPECT		PERFECTIVE ASPECT	
INF.	готóвить		приготóвить	
PRES.	готóвлю	готóвим		
	готóвишь	готóвите		
	готóвит	готóвят	———	
PAST	готóвил		приготóвил	
	готóвила		приготóвила	
	готóвило		приготóвило	
	готóвили		приготóвили	
FUT.	бýду готóвить	бýдем готóвить	приготóвлю	приготóвим
	бýдешь готóвить	бýдете готóвить	приготóвишь	приготóвите
	бýдет готóвить	бýдут готóвить	приготóвит	приготóвят
SUBJ.	готóвил бы		приготóвил бы	
	готóвила бы		приготóвила бы	
	готóвило бы		приготóвило бы	
	готóвили бы		приготóвили бы	
IMP.	готóвь		приготóвь	
	готóвьте		приготóвьте	

PARTICIPLES

PRES. ACT.	готóвящий	———
PRES. PASS.	———	———
PAST ACT.	готóвивший	приготóвивший
PAST PASS.	———	приготóвленный
ADV. PART.	готóвя	приготóвив(-ши)

TAKE A WALK

	IMPERFECTIVE ASPECT		PERFECTIVE ASPECT	
INF.	гуля́ть		погуля́ть	
PRES.	гуля́ю	гуля́ем		
	гуля́ешь	гуля́ете		
	гуля́ет	гуля́ют	———	
PAST	гуля́л		погуля́л	
	гуля́ла		погуля́ла	
	гуля́ло		погуля́ло	
	гуля́ли		погуля́ли	
FUT.	бу́ду гуля́ть	бу́дем гуля́ть	погуля́ю	погуля́ем
	бу́дешь гуля́ть	бу́дете гуля́ть	погуля́ешь	погуля́ете
	бу́дет гуля́ть	бу́дут гуля́ть	погуля́ет	погуля́ют
SUBJ.	гуля́л бы		погуля́л бы	
	гуля́ла бы		погуля́ла бы	
	гуля́ло бы		погуля́ло бы	
	гуля́ли бы		погуля́ли бы	
IMP.	гуля́й		погуля́й	
	гуля́йте		погуля́йте	

PARTICIPLES

PRES. ACT.	гуля́ющий	———
PRES. PASS.	———	———
PAST ACT.	гуля́вший	погуля́вший
PAST PASS.	———	———
ADV. PART.	гуля́я	погуля́в(-ши)

IMPERFECTIVE ASPECT		PERFECTIVE ASPECT	
INF.	дава́ть		дать	
PRES.	даю́	даём		
	даёшь	даёте	———	
	даёт	даю́т		
PAST	дава́л		дал*	
	дава́ла		дала́	
	дава́ло		да́ло	
	дава́ли		да́ли	
FUT.	бу́ду дава́ть	бу́дем дава́ть	дам	дади́м
	бу́дешь дава́ть	бу́дете дава́ть	дашь	дади́те
	бу́дет дава́ть	бу́дут дава́ть	даст	даду́т
SUBJ.	дава́л бы		дал бы*	
	дава́ла бы		дала́ бы	
	дава́ло бы		да́ло бы	
	дава́ли бы		да́ли бы	
IMP.	дава́й		дай	
	дава́йте		да́йте	

PARTICIPLES

PRES. ACT.	даю́щий	———	
PRES. PASS.	дава́емый	———	
PAST ACT.	дава́вший	да́вший	
PAST PASS.	———	да́нный* (да́н, дана́)	
ADV. PART.	дава́я	да́в(-ши)	

*Compounds are stressed on the prefix in the past tense and past passive participle according to the following pattern

за́дал, задала́, за́дало, за́дали
за́данный; за́дан, задана́

MOVE

	IMPERFECTIVE ASPECT		PERFECTIVE ASPECT	
INF.	дви́гать		дви́нуть	
PRES.	дви́гаю	дви́гаем		
	дви́гаешь	дви́гаете	———	
	дви́гает	дви́гают		
PAST	дви́гал		дви́нул	
	дви́гала		дви́нула	
	дви́гало		дви́нуло	
	дви́гали		дви́нули	
FUT.	бу́ду дви́гать	бу́дем дви́гать	дви́ну	дви́нем
	бу́дешь дви́гать	бу́дете дви́гать	дви́нешь	дви́нете
	бу́дет дви́гать	бу́дут дви́гать	дви́нет	дви́нут
SUBJ.	дви́гал бы		дви́нул бы	
	дви́гала бы		дви́нула бы	
	дви́гало бы		дви́нуло бы	
	дви́гали бы		дви́нули бы	
IMP.	дви́гай		двинь	
	дви́гайте		дви́ньте	

PARTICIPLES

PRES. ACT.	дви́гающий	———
PRES. PASS.	———	———
PAST ACT.	дви́гавший	дви́нувший
PAST PASS.	———	дви́нутый
ADV. PART.	дви́гая	дви́нув(-ши)

	IMPERFECTIVE ASPECT		PERFECTIVE ASPECT	
INF.	де́лать		сде́лать	
PRES.	де́лаю	де́лаем	———	
	де́лаешь	де́лаете		
	де́лает	де́лают		
PAST	де́лал		сде́лал	
	де́лала		сде́лала	
	де́лало		сде́лало	
	де́лали		сде́лали	
FUT.	бу́ду де́лать	бу́дем де́лать	сде́лаю	сде́лаем
	бу́дешь де́лать	бу́дете де́лать	сде́лаешь	сде́лаете
	бу́дет де́лать	бу́дут де́лать	сде́лает	сде́лают
SUBJ.	де́лал бы		сде́лал бы	
	де́лала бы		сде́лала бы	
	де́лало бы		сде́лало бы	
	де́лали бы		сде́лали бы	
IMP.	де́лай		сде́лай	
	де́лайте		сде́лайте	

PARTICIPLES

PRES. ACT.	де́лающий	———
PRES. PASS.	де́лаемый	———
PAST ACT.	де́лавший	сде́лавший
PAST PASS.	———	сде́ланный
ADV. PART.	де́лая	сде́лав(-ши)

HOLD

	IMPERFECTIVE ASPECT		PERFECTIVE ASPECT	
INF.	держа́ть		подержа́ть	
PRES.	держу́	де́ржим		
	де́ржишь	де́ржите	———	
	де́ржит	де́ржат		
PAST	держа́л		подержа́л	
	держа́ла		подержа́ла	
	держа́ло		подержа́ло	
	держа́ли		подержа́ли	
FUT.	бу́ду держа́ть	бу́дем держа́ть	подержу́	поде́ржим
	бу́дешь держа́ть	бу́дете держа́ть	поде́ржишь	поде́ржите
	бу́дет держа́ть	бу́дут держа́ть	поде́ржит	поде́ржат
SUBJ.	держа́л бы		подержа́л бы	
	держа́ла бы		подержа́ла бы	
	держа́ло бы		подержа́ло бы	
	держа́ли бы		подержа́ли бы	
IMP.	держи́		подержи́	
	держи́те		подержи́те	

PARTICIPLES

PRES. ACT.	держа́щий	———
PRES. PASS.	———	———
PAST ACT.	держа́вший	подержа́вший
PAST PASS.	———	поде́ржанный
ADV. PART.	держа́	подержа́в(-ши)

SWIM UP TO

	IMPERFECTIVE ASPECT		PERFECTIVE ASPECT	
INF.	доплыва́ть		доплы́ть	
PRES.	доплыва́ю	доплыва́ем		
	доплыва́ешь	доплыва́ете	———	
	доплыва́ет	доплыва́ют		
PAST	доплыва́л		доплы́л	
	доплыва́ла		доплыла́	
	доплыва́ло		доплы́ло	
	доплыва́ли		доплы́ли	
FUT.	бу́ду доплыва́ть	бу́дем доплыва́ть	доплыву́	доплывём
	бу́дешь доплыва́ть	бу́дете доплыва́ть	доплывёшь	доплывёте
	бу́дет доплыва́ть	бу́дут доплыва́ть	доплывёт	доплыву́т
SUBJ.	доплыва́л бы		доплы́л бы	
	доплыва́ла бы		доплыла́ бы	
	доплыва́ло бы		доплы́ло бы	
	доплыва́ли бы		доплы́ли бы	
IMP.	доплыва́й		доплыви́	
	доплыва́йте		доплыви́те	

PARTICIPLES

PRES. ACT.	доплыва́ющий		———	
PRES. PASS.	———		———	
PAST ACT.	доплыва́вший		доплы́вший	
PAST PASS.	———		———	
ADV. PART.	доплыва́я		доплы́в(-ши)	

ДУМАТЬ / ПОДУМАТЬ

THINK

	IMPERFECTIVE ASPECT		PERFECTIVE ASPECT	
INF.	ду́мать		поду́мать	
PRES.	ду́маю	ду́маем		
	ду́маешь	ду́маете	———	
	ду́мает	ду́мают		
PAST	ду́мал		поду́мал	
	ду́мала		поду́мала	
	ду́мало		поду́мало	
	ду́мали		поду́мали	
FUT.	бу́ду ду́мать	бу́дем ду́мать	поду́маю	поду́маем
	бу́дешь ду́мать	бу́дете ду́мать	поду́маешь	поду́маете
	бу́дет ду́мать	бу́дут ду́мать	поду́мает	поду́мают
SUBJ.	ду́мал бы		поду́мал бы	
	ду́мала бы		поду́мала бы	
	ду́мало бы		поду́мало бы	
	ду́мали бы		поду́мали бы	
IMP.	ду́май		поду́май	
	ду́майте		поду́майте	

PARTICIPLES

PRES. ACT.	ду́мающий	———
PRES. PASS.	———	———
PAST ACT.	ду́мавший	поду́мавший
PAST PASS.	———	———
ADV. PART.	ду́мая	поду́мав(-ши)

BLOW

	IMPERFECTIVE ASPECT		PERFECTIVE ASPECT	
INF.	дуть		подýть	
PRES.	дýю	дýем		
	дýешь	дýете		
	дýет	дýют	———	
PAST	дул		подýл	
	дýла		подýла	
	дýло		подýло	
	дýли		подýли	
FUT.	бýду дуть	бýдем дуть	подýю	подýем
	бýдешь дуть	бýдете дуть	подýешь	подýете
	бýдет дуть	бýдут дуть	подýет	подýют
SUBJ.	дул бы		подýл бы	
	дýла бы		подýла бы	
	дýло бы		подýло бы	
	дýли бы		подýли бы	
IMP.	дуй		подýй	
	дýйте		подýйте	

PARTICIPLES

PRES. ACT.	дýющий	———
PRES. PASS.	———	———
PAST ACT.	дýвший	подýвший
PAST PASS.	———	———
ADV. PART.	дýя	подýв(-ши)

ЕЗДИТЬ*ЕХАТЬ / ПОЕХАТЬ (ВЪЕХАТЬ)

RIDE

IMPERFECTIVE

	INDETERMINATE		DETERMINATE	
INF.	éздить		éхать	
PRES.	éзжу	éздим	éду	éдем
	éздишь	éздите	éдешь	éдете
	éздит	éздят	éдет	éдут
PAST	éздил		éхал	
	éздила		éхала	
	éздило		éхало	
	éздили		éхали	
FUT.	бýду éздить	бýдем éздить	бýду éхать	бýдем éхать
	бýдешь éздить	бýдете éздить	бýдешь éхать	бýдете éхать
	бýдет éздить	бýдут éздить	бýдет éхать	бýдут éхать
SUBJ.	éздил бы		éхал бы	
	éздила бы		éхала бы	
	éздило бы		éхало бы	
	éздили бы		éхали бы	
IMP.	———		поезжáй	
	———		поезжáйте	

PARTICIPLES

PRES. ACT.	éздящий		éдущий	
PRES. PASS.	———		———	
PAST ACT.	éздивший		éхавший	
PAST PASS.	———		———	
ADV. PART.	éздя		———	

	IMPERFECTIVE ASPECT		PERFECTIVE ASPECT	
INF.	есть		съесть	
PRES.	ем	еди́м		
	ешь	еди́те		
	ест	едя́т	———	
PAST	ел		съел	
	е́ла		съе́ла	
	е́ло		съе́ло	
	е́ли		съе́ли	
FUT.	бу́ду есть	бу́дем есть	съем	съеди́м
	бу́дешь есть	бу́дете есть	съешь	съеди́те
	бу́дет есть	бу́дут есть	съест	съедя́т
SUBJ.	ел бы		съел бы	
	е́ла бы		съе́ла бы	
	е́ло бы		съе́ло бы	
	е́ли бы		съе́ли бы	
IMP.	ешь		съешь	
	е́шьте		съе́шьте	

PARTICIPLES

PRES. ACT.	едя́щий	———
PRES. PASS.	———	———
PAST ACT.	е́вший	съе́вший
PAST PASS.	———	съе́денный
ADV. PART.	———	съе́в(-ши)

ЖАЛОВАТЬСЯ / ПОЖАЛОВАТЬСЯ

COMPLAIN

	IMPERFECTIVE ASPECT		PERFECTIVE ASPECT	
INF.	жа́ловаться		пожа́ловаться	
PRES.	жа́луюсь	жа́луемся		
	жа́луешься	жа́луетесь	———	
	жа́луется	жа́луются		
PAST	жа́ловался		пожа́ловался	
	жа́ловалась		пожа́ловалась	
	жа́ловалось		пожа́ловалось	
	жа́ловались		пожа́ловались	
FUT.	бу́ду жа́ловаться	бу́дем жа́ловаться	пожа́луюсь	пожа́луемся
	бу́дешь жа́ловаться	бу́дете жа́ловаться	пожа́луешься	пожа́луетесь
	бу́дет жа́ловаться	бу́дут жа́ловаться	пожа́луется	пожа́луются
SUBJ.	жа́ловался бы		пожа́ловался бы	
	жа́ловалась бы		пожа́ловалась бы	
	жа́ловалось бы		пожа́ловалось бы	
	жа́ловались бы		пожа́ловались бы	
IMP.	жа́луйся		пожа́луйся	
	жа́луйтесь		пожа́луйтесь	

PARTICIPLES

PRES. ACT.	жа́лующийся		———	
PRES. PASS.	———		———	
PAST ACT.	жа́ловавшийся		пожа́ловавшийся	
PAST PASS.	———		———	
ADV. PART.	жа́луясь		пожа́ловавшись	

PRESS

	IMPERFECTIVE ASPECT		PERFECTIVE ASPECT	
INF.	жать		пожа́ть	
PRES.	жму	жмём	———	
	жмёшь	жмёте		
	жмёт	жмут		
PAST	жал		пожа́л	
	жа́ла		пожа́ла	
	жа́ло		пожа́ло	
	жа́ли		пожа́ли	
FUT.	бу́ду жать	бу́дем жать	пожму́	пожмём
	бу́дешь жать	бу́дете жать	пожмёшь	пожмёте
	бу́дет жать	бу́дут жать	пожмёт	пожму́т
SUBJ.	жал бы		пожа́л бы	
	жа́ла бы		пожа́ла бы	
	жа́ло бы		пожа́ло бы	
	жа́ли бы		пожа́ли бы	
IMP.	жми		пожми́	
	жми́те		пожми́те	

PARTICIPLES

PRES. ACT.	жму́щий	———
PRES. PASS.	———	———
PAST ACT.	жа́вший	пожа́вший
PAST PASS.	———	пожа́тый
ADV. PART.	———	пожа́в(-ши)

WAIT

	IMPERFECTIVE ASPECT		PERFECTIVE ASPECT	
INF.	ждать		подожда́ть	
PRES.	жду	ждём	———	
	ждёшь	ждёте	———	
	ждёт	ждут		
PAST	ждал		подожда́л	
	ждала́		подождала́	
	жда́ло		подожда́ло	
	жда́ли		подожда́ли	
FUT.	бу́ду ждать	бу́дем ждать	подожду́	подождём
	бу́дешь ждать	бу́дете ждать	подождёшь	подождёте
	бу́дет ждать	бу́дут ждать	подождёт	подожду́т
SUBJ.	ждал бы		подожда́л бы	
	ждала́ бы		подождала́ бы	
	жда́ло бы		подожда́ло бы	
	жда́ли бы		подожда́ли бы	
IMP.	жди		подожди́	
	жди́те		подожди́те	

PARTICIPLES

PRES. ACT.	жду́щий	———
PRES. PASS.	———	———
PAST ACT.	жда́вший	подожда́вший
PAST PASS.	———	———
ADV. PART.	———	подожда́в(-ши)

	IMPERFECTIVE ASPECT		PERFECTIVE ASPECT	
INF.	жела́ть		пожела́ть	
PRES.	жела́ю	жела́ем		
	жела́ешь	жела́ете	———	
	жела́ет	жела́ют		
PAST	жела́л		пожела́л	
	жела́ла		пожела́ла	
	жела́ло		пожела́ло	
	жела́ли		пожела́ли	
FUT.	бу́ду жела́ть	бу́дем жела́ть	пожела́ю	пожела́ем
	бу́дешь жела́ть	бу́дете жела́ть	пожела́ешь	пожела́ете
	бу́дет жела́ть	бу́дут жела́ть	пожела́ет	пожела́ют
SUBJ.	жела́л бы		пожела́л бы	
	жела́ла бы		пожела́ла бы	
	жела́ло бы		пожела́ло бы	
	жела́ли бы		пожела́ли бы	
IMP.	жела́й		пожела́й	
	жела́йте		пожела́йте	

PARTICIPLES

PRES. ACT.	жела́ющий	———
PRES. PASS.	жела́емый	———
PAST ACT.	жела́вший	пожела́вший
PAST PASS.	———	———
ADV. PART.	жела́я	пожела́в(-ши)

ЖЕНИТЬСЯ

MARRY (said of a man)

	IMPERFECTIVE ASPECT	and	PERFECTIVE ASPECT

INF.   жени́ться

PRES.
жению́сь   же́нимся
же́нишься   же́нитесь   ———
же́нится   же́нятся

PAST
жени́лся
———
———
жени́лись

FUT.
бу́ду жени́ться   бу́дем жени́ться   жению́сь   же́нимся
бу́дешь жени́ться   бу́дете жени́ться   же́нишься   же́нитесь
бу́дет жени́ться   бу́дут жени́ться   же́нится   же́нятся

SUBJ.
жени́лся бы
———
жени́лись бы

IMP.
жени́сь
жени́тесь

PARTICIPLES

PRES. ACT.   жена́щийся   ———

PRES. PASS.   ———   ———

PAST ACT.   жени́вшийся

PAST PASS.   ———   ———

ADV. PART.   жени́сь   жени́вшись

52

BURN

	IMPERFECTIVE ASPECT		PERFECTIVE ASPECT	
INF.	жечь		сжечь	
PRES.	жгу	жжём		
	жжёшь	жжёте	———	
	жжёт	жгут		
PAST	жёг		сжёг	
	жгла		сожгла́	
	жгло		сожгло́	
	жгли		сожгли́	
FUT.	бу́ду жечь	бу́дем жечь	сожгу́	сожжём
	бу́дешь жечь	бу́дете жечь	сожжёшь	сожжёте
	бу́дет жечь	бу́дут жечь	сожжёт	сожгу́т
SUBJ.	жёг бы		сжёг бы	
	жгла бы		сожгла́ бы	
	жгло бы		сожгло́ бы	
	жгли бы		сожгли́ бы	
IMP.	жги		сожги́	
	жги́те		сожги́те	

PARTICIPLES

PRES. ACT.	жгу́щий	———
PRES. PASS.	———	———
PAST ACT.	жёгший	сжёгший
PAST PASS.		сожжённый (сожжён, сожжена́)
ADV. PART.	———	сжёгши

LIVE

	IMPERFECTIVE ASPECT		PERFECTIVE ASPECT
INF.	жить		
PRES.	живу́	живём	
	живёшь	живёте	
	живёт	живу́т	
PAST	жил	не́ жил	
	жила́	не жила́	
	жи́ло	не́ жило	
	жи́ли	не́ жили	
FUT.	бу́ду жить	бу́дем жить	
	бу́дешь жить	бу́дете жить	
	бу́дет жить	бу́дут жить	
SUBJ.	жил бы		
	жила́ бы		
	жи́ло бы		
	жи́ли бы		
IMP.	живи́		
	живи́те		

PARTICIPLES

PRES. ACT.	живу́щий
PRES. PASS.	———
PAST ACT.	жи́вший
PAST PASS.	———
ADV. PART.	живя́

	IMPERFECTIVE ASPECT		PERFECTIVE ASPECT	
INF.	забыва́ть		забы́ть	
PRES.	забыва́ю	забыва́ем		
	забыва́ешь	забыва́ете	———	
	забыва́ет	забыва́ют		
PAST	забыва́л		забы́л	
	забыва́ла		забы́ла	
	забыва́ло		забы́ло	
	забыва́ли		забы́ли	
FUT.	бу́ду забыва́ть	бу́дем забыва́ть	забу́ду	забу́дем
	бу́дешь забыва́ть	бу́дете забыва́ть	забу́дешь	забу́дете
	бу́дет забыва́ть	бу́дут забыва́ть	забу́дет	забу́дут
SUBJ.	забыва́л бы		забы́л бы	
	забыва́ла бы		забы́ла бы	
	забыва́ло бы		забы́ло бы	
	забыва́ли бы		забы́ли бы	
IMP.	забыва́й		забу́дь	
	забыва́йте		забу́дьте	

PARTICIPLES

PRES. ACT.	забыва́ющий	———
PRES. PASS.	забыва́емый	———
PAST ACT.	забыва́вший	забы́вший
PAST PASS.	———	забы́тый
ADV. PART.	забыва́я	забы́в(-ши)

HAVE BREAKFAST

	IMPERFECTIVE ASPECT		PERFECTIVE ASPECT	
INF.	за́втракать		поза́втракать	
PRES.	за́втракаю	за́втракаем	———	
	за́втракаешь	за́втракаете		
	за́втракает	за́втракают		
PAST	за́втракал		поза́втракал	
	за́втракала		поза́втракала	
	за́втракало		поза́втракало	
	за́втракали		поза́втракали	
FUT.	бу́ду за́втракать	бу́дем за́втракать	поза́втракаю	поза́втракаем
	бу́дешь за́втракать	бу́дете за́втракать	поза́втракаешь	поза́втракаете
	бу́дет за́втракать	бу́дут за́втракать	поза́втракает	поза́втракают
SUBJ.	за́втракал бы		поза́втракал бы	
	за́втракала бы		поза́втракала бы	
	за́втракало бы		поза́втракало бы	
	за́втракали бы		поза́втракали бы	
IMP.	за́втракай		поза́втракай	
	за́втракайте		поза́втракайте	

PARTICIPLES

PRES. ACT.	за́втракающий	———
PRES. PASS.	———	———
PAST ACT.	за́втракавший	поза́втракавший
PAST PASS.	———	———
ADV. PART.	за́втракая	поза́втракав(-ши)

ORDER

	IMPERFECTIVE ASPECT		PERFECTIVE ASPECT	
INF.	зака́зывать		заказа́ть	
PRES.	зака́зываю	зака́зываем		
	зака́зываешь	зака́зываете	———	
	зака́зывает	зака́зывают		
PAST	зака́зывал		заказа́л	
	зака́зывала		заказа́ла	
	зака́зывало		заказа́ло	
	зака́зывали		заказа́ли	
FUT.	бу́ду зака́зывать	бу́дем зака́зывать	закажу́	зака́жем
	бу́дешь зака́зывать	бу́дете зака́зывать	зака́жешь	зака́жете
	бу́дет зака́зывать	бу́дут зака́зывать	зака́жет	зака́жут
SUBJ.	зака́зывал бы		заказа́л бы	
	зака́зывала бы		заказа́ла бы	
	зака́зывало бы		заказа́ло бы	
	зака́зывали бы		заказа́ли бы	
IMP.	зака́зывай		закажи́	
	зака́зывайте		закажи́те	

PARTICIPLES

PRES. ACT.	зака́зывающий	———
PRES. PASS.	зака́зываемый	———
PAST ACT.	зака́зывавший	заказа́вший
PAST PASS.	———	зака́занный
ADV. PART.	зака́зывая	заказа́в(-ши)

CLOSE

IMPERFECTIVE ASPECT		PERFECTIVE ASPECT	
INF.	закрыва́ть		закры́ть

PRES.	закрыва́ю	закрыва́ем		
	закрыва́ешь	закрыва́ете	———	
	закрыва́ет	закрыва́ют		

PAST	закрыва́л		закры́л
	закрыва́ла		закры́ла
	закрыва́ло		закры́ло
	закрыва́ли		закры́ли

FUT.	бу́ду закрыва́ть	бу́дем закрыва́ть	закро́ю	закро́ем
	бу́дешь закрыва́ть	бу́дете закрыва́ть	закро́ешь	закро́ете
	бу́дет закрыва́ть	бу́дут закрыва́ть	закро́ет	закро́ют

SUBJ.	закрыва́л бы		закры́л бы
	закрыва́ла бы		закры́ла бы
	закрыва́ло бы		закры́ло бы
	закрыва́ли бы		закры́ли бы

IMP.	закрыва́й		закро́й
	закрыва́йте		закро́йте

PARTICIPLES

PRES. ACT.	закрыва́ющий	———
PRES. PASS.	закрыва́емый	———
PAST ACT.	закрыва́вший	закры́вший
PAST PASS.	———	закры́тый
ADV. PART.	закрыва́я	закры́в(-ши)

FREEZE

	IMPERFECTIVE ASPECT		PERFECTIVE ASPECT	
INF.	замерза́ть		замёрзнуть	
PRES.	замерза́ю	замерза́ем		
	замерза́ешь	замерза́ете	———	
	замерза́ет	замерза́ют		
PAST	замерза́л		замёрз	
	замерза́ла		замёрзла	
	замерза́ло		замёрзло	
	замерза́ли		замёрзли	
FUT.	бу́ду замерза́ть	бу́дем замерза́ть	замёрзну	замёрзнем
	бу́дешь замерза́ть	бу́дете замерза́ть	замёрзнешь	замёрзнете
	бу́дет замерза́ть	бу́дут замерза́ть	замёрзнет	замёрзнут
SUBJ.	замерза́л бы		замёрз бы	
	замерза́ла бы		замёрзла бы	
	замерза́ло бы		замёрзло бы	
	замерза́ли бы		замёрзли бы	
IMP.	замерза́й		замёрзни	
	замерза́йте		замёрзните	

PARTICIPLES

PRES. ACT.	замерза́ющий	———
PRES. PASS.	———	———
PAST ACT.	замерза́вший	замёрзший
PAST PASS.	———	———
ADV. PART.	замерза́я	замёрзши

NOTICE

	IMPERFECTIVE ASPECT		PERFECTIVE ASPECT	
INF.	замеча́ть		заме́тить	
PRES.	замеча́ю	замеча́ем		
	замеча́ешь	замеча́ете	———	
	замеча́ет	замеча́ют		
PAST	замеча́л		заме́тил	
	замеча́ла		заме́тила	
	замеча́ло		заме́тило	
	замеча́ли		заме́тили	
FUT.	бу́ду замеча́ть	бу́дем замеча́ть	заме́чу	заме́тим
	бу́дешь замеча́ть	бу́дете замеча́ть	заме́тишь	заме́тите
	бу́дет замеча́ть	бу́дут замеча́ть	заме́тит	заме́тят
SUBJ.	замеча́л бы		заме́тил бы	
	замеча́ла бы		заме́тила бы	
	замеча́ло бы		заме́тило бы	
	замеча́ли бы		заме́тили бы	
IMP.	замеча́й		заме́ть	
	замеча́йте		заме́тьте	

PARTICIPLES

PRES. ACT.	замеча́ющий	———
PRES. PASS.	замеча́емый	———
PAST ACT.	замеча́вший	заме́тивший
PAST PASS.	———	заме́ченный
ADV. PART.	замеча́я	заме́тив(-ши)

OCCUPY
STUDY

	IMPERFECTIVE ASPECT		PERFECTIVE ASPECT	
INF.	занима́ть		заня́ть	
PRES.	занима́ю	занима́ем		
	занима́ешь	занима́ете	———	
	занима́ет	занима́ют		
PAST	занима́л		за́нял	
	занима́ла		заняла́	
	занима́ло		за́няло	
	занима́ли		за́няли	
FUT.	бу́ду занима́ть	бу́дем занима́ть	займу́*	займём
	бу́дешь занима́ть	бу́дете занима́ть	займёшь	займёте
	бу́дет занима́ть	бу́дут занима́ть	займёт	займу́т
SUBJ.	занима́л бы		за́нял бы	
	занима́ла бы		заняла́ бы	
	занима́ло бы		за́няло бы	
	занима́ли бы		за́няли бы	
IMP.	занима́й		займи́	
	занима́йте		займи́те	

PARTICIPLES

PRES. ACT.	занима́ющий	———
PRES. PASS.	занима́емый	———
PAST ACT.	занима́вший	заня́вший
PAST PASS.	———	за́нятый (за́нят, занята́, за́нято)
ADV. PART.	занима́я	заня́в(-ши)

---

*Compounds подня́ть, приня́ть, снять
     have perfective future stress as follows
        подниму́, подни́мешь, подни́мут
        приму́, при́мешь, при́мут
        сниму́, сни́мешь, сни́мут

NOTE DOWN

	IMPERFECTIVE ASPECT		PERFECTIVE ASPECT	
INF.	запи́сывать		записа́ть	
PRES.	запи́сываю	запи́сываем		
	запи́сываешь	запи́сываете	———	
	запи́сывает	запи́сывают		
PAST	запи́сывал		записа́л	
	запи́сывала		записа́ла	
	запи́сывало		записа́ло	
	запи́сывали		записа́ли	
FUT.	бу́ду запи́сывать	бу́дем запи́сывать	запишу́	запи́шем
	бу́дешь запи́сывать	бу́дете запи́сывать	запи́шешь	запи́шете
	бу́дет запи́сывать	бу́дут запи́сывать	запи́шет	запи́шут
SUBJ.	запи́сывал бы		записа́л бы	
	запи́сывала бы		записа́ла бы	
	запи́сывало бы		записа́ло бы	
	запи́сывали бы		записа́ли бы	
IMP.	запи́сывай		запиши́	
	запи́сывайте		запиши́те	

PARTICIPLES

PRES. ACT.	запи́сывающий	———
PRES. PASS.	запи́сываемый	———
PAST ACT.	запи́сывавший	записа́вший
PAST PASS.	———	запи́санный
ADV. PART.	запи́сывая	записа́в(-ши)

MEMORIZE

IMPERFECTIVE ASPECT		PERFECTIVE ASPECT	
INF. запомина́ть		запо́мнить	
PRES. запомина́ю	запомина́ем		
запомина́ешь	запомина́ете	———	
запомина́ет	запомина́ют		
PAST запомина́л		запо́мнил	
запомина́ла		запо́мнила	
запомина́ло		запо́мнило	
запомина́ли		запо́мнили	
FUT. бу́ду запомина́ть	бу́дем запомина́ть	запо́мню	запо́мним
бу́дешь запомина́ть	бу́дете запомина́ть	запо́мнишь	запо́мните
бу́дет запомина́ть	бу́дут запомина́ть	запо́мнит	запо́мнят
SUBJ. запомина́л бы		запо́мнил бы	
запомина́ла бы		запо́мнила бы	
запомина́ло бы		запо́мнило бы	
запомина́ли бы		запо́мнили бы	
IMP. запомина́й		запо́мни	
запомина́йте		запо́мните	

PARTICIPLES

PRES. ACT. запомина́ющий		———	
PRES. PASS. запомина́емый		———	
PAST ACT. запомина́вший		запо́мнивший	
PAST PASS. ———		———	
ADV. PART. запомина́я		запо́мнив(-ши)	

EARN

	IMPERFECTIVE ASPECT		PERFECTIVE ASPECT	
INF.	зараба́тывать		зарабо́тать	
PRES.	зараба́тываю	зараба́тываем		
	зараба́тываешь	зараба́тываете	———	
	зараба́тывает	зараба́тывают		
PAST	зараба́тывал		зарабо́тал	
	зараба́тывала		зарабо́тала	
	зараба́тывало		зарабо́тало	
	зараба́тывали		зарабо́тали	
FUT.	бу́ду	бу́дем	зарабо́таю	зарабо́таем
	бу́дешь	бу́дете	зарабо́таешь	зарабо́таете
	бу́дет	бу́дут	зарабо́тает	зарабо́тают
	зараба́тывать	зараба́тывать		
SUBJ.	зараба́тывал бы		зарабо́тал бы	
	зараба́тывала бы		зарабо́тала бы	
	зараба́тывало бы		зарабо́тало бы	
	зараба́тывали бы		зарабо́тали бы	
IMP.	зараба́тывай		зарабо́тай	
	зараба́тывайте		зарабо́тайте	

PARTICIPLES

PRES. ACT.	зараба́тывающий		———	
PRES. PASS.	зараба́тываемый		———	
PAST ACT.	зараба́тывавший		зарабо́тавший	
PAST PASS.	———		зарабо́танный	
ADV. PART.	зараба́тывая		зарабо́тав(-ши)	

CROSS OUT

	IMPERFECTIVE ASPECT		PERFECTIVE ASPECT	
INF.	зачёркивать		зачеркнýть	
PRES.	зачёркиваю	зачёркиваем		
	зачёркиваешь	зачёркиваете	———	
	зачёркивает	зачёркивают		
PAST	зачёркивал		зачеркнýл	
	зачёркивала		зачеркнýла	
	зачёркивало		зачеркнýло	
	зачёркивали		зачеркнýли	
FUT.	бýду зачёркивать	бýдем зачёркивать	зачеркнý	зачеркнём
	бýдешь зачёркивать	бýдете зачёркивать	зачеркнёшь	зачеркнёте
	бýдет зачёркивать	бýдут зачёркивать	зачеркнёт	зачеркнýт
SUBJ.	зачёркивал бы		зачеркнýл бы	
	зачёркивала бы		зачеркнýла бы	
	зачёркивало бы		зачеркнýло бы	
	зачёркивали бы		зачеркнýли бы	
IMP.	зачёркивай		зачеркнú	
	зачёркивайте		зачеркнúте	

PARTICIPLES

PRES. ACT.	зачёркивающий	———
PRES. PASS.	зачёркиваемый	———
PAST ACT.	зачёркивавший	зачеркнýвший
PAST PASS.	———	зачёркнутый
ADV. PART.	зачёркивая	зачеркнýв(-ши)

CALL, NAME

	IMPERFECTIVE ASPECT		PERFECTIVE ASPECT	
INF.	звать		позва́ть	
PRES.	зову́	зовём	———	
	зовёшь	зовёте		
	зовёт	зову́т		
PAST	звал		позва́л	
	звала́		позвала́	
	зва́ло		позва́ло	
	зва́ли		позва́ли	
FUT.	бу́ду звать	бу́дем звать	позову́	позовём
	бу́дешь звать	бу́дете звать	позовёшь	позовёте
	бу́дет звать	бу́дут звать	позовёт	позову́т
SUBJ.	звал бы		позва́л бы	
	звала́ бы		позвала́ бы	
	зва́ло бы		позва́ло бы	
	зва́ли бы		позва́ли бы	
IMP.	зови́		позови́	
	зови́те		позови́те	

PARTICIPLES

PRES. ACT.	зову́щий	———
PRES. PASS.	———	———
PAST ACT.	зва́вший	позва́вший
PAST PASS.	———	по́званный
ADV. PART.	———	позва́в(-ши)

RING

	IMPERFECTIVE ASPECT		PERFECTIVE ASPECT	
INF.	звони́ть		позвони́ть	
PRES.	звоню́	звони́м		
	звони́шь	звони́те		
	звони́т	звоня́т	———	
PAST	звони́л		позвони́л	
	звони́ла		позвони́ла	
	звони́ло		позвони́ло	
	звони́ли		позвони́ли	
FUT.	бу́ду звони́ть	бу́дем звони́ть	позвоню́	позвони́м
	бу́дешь звони́ть	бу́дете звони́ть	позвони́шь	позвони́те
	бу́дет звони́ть	бу́дут звони́ть	позвони́т	позвоня́т
SUBJ.	звони́л бы		позвони́л бы	
	звони́ла бы		позвони́ла бы	
	звони́ло бы		позвони́ло бы	
	звони́ли бы		позвони́ли бы	
IMP.	звони́		позвони́	
	звони́те		позвони́те	

PARTICIPLES

PRES. ACT.	звоня́щий		———	
PRES. PASS.	–———		———	
PAST ACT.	звони́вший		позвони́вший	
PAST PASS.	———		———	
ADV. PART.	звоня́		позвони́в(-ши)	

ЗНАКОМИТЬ / ПОЗНАКОМИТЬ
ЗНАКОМИТЬСЯ / ПОЗНАКОМИТЬСЯ

ACQUAINT
GET ACQUAINTED

	IMPERFECTIVE ASPECT		PERFECTIVE ASPECT	
INF.	знако́мить		познако́мить	
PRES.	знако́млю	знако́мим		
	знако́мишь	знако́мите	———	
	знако́мит	знако́мят		
PAST	знако́мил		познако́мил	
	знако́мила		познако́мила	
	знако́мило		познако́мило	
	знако́мили		познако́мили	
FUT.	бу́ду знако́мить	бу́дем знако́мить	познако́млю	познако́мим
	бу́дешь знако́мить	бу́дете знако́мить	познако́мишь	познако́мите
	бу́дет знако́мить	бу́дут знако́мить	познако́мит	познако́мят
SUBJ.	знако́мил бы		познако́мил бы	
	знако́мила бы		познако́мила бы	
	знако́мило бы		познако́мило бы	
	знако́мили бы		познако́мили бы	
IMP.	знако́мь		познако́мь	
	знако́мьте		познако́мьте	

PARTICIPLES

PRES. ACT.	знако́мящий	———
PRES. PASS.	———	———
PAST ACT.	знако́мивший	познако́мивший
PAST PASS.	———	———
ADV. PART.	знако́мя	познако́мив(-ши)

	IMPERFECTIVE ASPECT		PERFECTIVE ASPECT
INF.	знать		
PRES.	зна́ю	зна́ем	
	зна́ешь	зна́ете	
	зна́ет	зна́ют	
PAST	знал		
	зна́ла		
	зна́ло		
	зна́ли		
FUT.	бу́ду знать	бу́дем знать	
	бу́дешь знать	бу́дете знать	
	бу́дет знать	бу́дут знать	
SUBJ.	знал бы		
	зна́ла бы		
	зна́ло бы		
	зна́ли бы		
IMP.	знай		
	зна́йте		

PARTICIPLES

PRES. ACT. **зна́ющий**

PRES. PASS. **зна́емый**

PAST ACT. **зна́вший**

PAST PASS. ———

ADV. PART. **зна́я**

ИГРАТЬ / СЫГРАТЬ

PLAY

	IMPERFECTIVE ASPECT		PERFECTIVE ASPECT	
INF.	игра́ть		сыгра́ть	
PRES.	игра́ю	игра́ем		
	игра́ешь	игра́ете	———	
	игра́ет	игра́ют		
PAST	игра́л		сыгра́л	
	игра́ла		сыгра́ла	
	игра́ло		сыгра́ло	
	игра́ли		сыгра́ли	
FUT.	бу́ду игра́ть	бу́дем игра́ть	сыгра́ю	сыгра́ем
	бу́дешь игра́ть	бу́дете игра́ть	сыгра́ешь	сыгра́ете
	бу́дет игра́ть	бу́дут игра́ть	сыгра́ет	сыгра́ют
SUBJ.	игра́л бы		сыгра́л бы	
	игра́ла бы		сыгра́ла бы	
	игра́ло бы		сыгра́ло бы	
	игра́ли бы		сыгра́ли бы	
IMP.	игра́й		сыгра́й	
	игра́йте		сыгра́йте	

PARTICIPLES

PRES. ACT.	игра́ющий	———
PRES. PASS.	игра́емый	———
PAST ACT.	игра́вший	сыгра́вший
PAST PASS.	———	сы́гранный
ADV. PART.	игра́я	сыгра́в(-ши)

IMPERFECTIVE ASPECT		PERFECTIVE ASPECT	
INF.	избира́ть		избра́ть	

PRES.
избира́ю   избира́ем
избира́ешь   избира́ете
избира́ет   избира́ют   ————

PAST
избира́л   избра́л
избира́ла   избрала́
избира́ло   избра́ло
избира́ли   избра́ли

FUT.
бу́ду избира́ть   бу́дем избира́ть   изберу́   изберём
бу́дешь избира́ть   бу́дете избира́ть   изберёшь   изберёте
бу́дет избира́ть   бу́дут избира́ть   изберёт   изберу́т

SUBJ.
избира́л бы   избра́л бы
избира́ла бы   избрала́ бы
избира́ло бы   избра́ло бы
избира́ли бы   избра́ли бы

IMP.
избира́й   избери́
избира́йте   избери́те

PARTICIPLES

PRES. ACT.   избира́ющий   ————

PRES. PASS.   избира́емый   ————

PAST ACT.   избира́вший   избра́вший

PAST PASS.   ————   и́збранный

ADV. PART.   избира́я   избра́в(-ши)

EXCUSE

	IMPERFECTIVE ASPECT		PERFECTIVE ASPECT	
INF.	извиня́ть		извини́ть	
PRES.	извиня́ю	извиня́ем		
	извиня́ешь	извиня́ете	———	
	извиня́ет	извиня́ют		
PAST	извиня́л		извини́л	
	извиня́ла		извини́ла	
	извиня́ло		извини́ло	
	извиня́ли		извини́ли	
FUT.	бу́ду извиня́ть	бу́дем извиня́ть	извиню́	извини́м
	бу́дешь извиня́ть	бу́дете извиня́ть	извини́шь	извини́те
	бу́дет извиня́ть	бу́дут извиня́ть	извини́т	извиня́т
SUBJ.	извиня́л бы		извини́л бы	
	извиня́ла бы		извини́ла бы	
	извиня́ло бы		извини́ло бы	
	извиня́ли бы		извини́ли бы	
IMP.	извиня́й		извини́	
	извиня́йте		извини́те	

PARTICIPLES

PRES. ACT.	извиня́ющий	———
PRES. PASS.	извиня́емый	———
PAST ACT.	извиня́вший	извини́вший
PAST PASS.	———	извинённый (извинён, извинена́)
ADV. PART.	извиня́я	извини́в(-ши)

CHANGE
BECOME CHANGED

	IMPERFECTIVE ASPECT		PERFECTIVE ASPECT	
INF.	изменя́ть		измени́ть	
PRES.	изменя́ю	изменя́ем		
	изменя́ешь	изменя́ете	———	
	изменя́ет	изменя́ют		
PAST	измени́л		измени́л	
	изменя́ла		измени́ла	
	изменя́ло		измени́ло	
	изменя́ли		измени́ли	
FUT.	бу́ду изменя́ть	бу́дем изменя́ть	изменю́	изме́ним
	бу́дешь изменя́ть	бу́дете изменя́ть	изме́нишь	изме́ните
	бу́дет изменя́ть	бу́дут изменя́ть	изме́нит	изме́нят
SUBJ.	измени́л бы		измени́л бы	
	изменя́ла бы		измени́ла бы	
	изменя́ло бы		измени́ло бы	
	изменя́ли бы		измени́ли бы	
IMP.	изменя́й		измени́	
	изменя́йте		измени́те	

PARTICIPLES

PRES. ACT.	изменя́ющий	———
PRES. PASS.	изменя́емый	———
PAST ACT.	изменя́вший	измени́вший
PAST PASS.	———	изменённый (изменён, изменена́)
ADV. PART.	изменя́я	измени́в(-ши)

73

ИЗОБРЕТАТЬ / ИЗОБРЕСТИ

INVENT

	IMPERFECTIVE ASPECT		PERFECTIVE ASPECT	
INF.	изобретáть		изобрести́	
PRES.	изобретáю изобретáешь изобретáет	изобретáем изобретáете изобретáют	———	
PAST	изобретáл изобретáла изобретáло изобретáли		изобрёл изобрелá изобрелó изобрели́	
FUT.	бýду изобретáть бýдешь изобретáть бýдет изобретáть	бýдем изобретáть бýдете изобретáть бýдут изобретáть	изобретý изобретёшь изобретёт	изобретём изобретёте изобретýт
SUBJ.	изобретáл бы изобретáла бы изобретáло бы изобретáли бы		изобрёл бы изобрелá бы изобрелó бы изобрели́ бы	
IMP.	изобретáй изобретáйте		изобрети́ изобрети́те	

PARTICIPLES

PRES. ACT.	изобретáющий	———
PRES. PASS.	изобретáемый	———
PAST ACT.	изобретáвший	изобрéтший
PAST PASS.	———	изобретённый (изобретён, изобретенá)
ADV. PART.	изобретáя	изобретя́

74

STUDY, LEARN

IMPERFECTIVE ASPECT		PERFECTIVE ASPECT	
INF.	изуча́ть		изучи́ть	

	IMPERFECTIVE ASPECT		PERFECTIVE ASPECT	
PRES.	изуча́ю	изуча́ем		
	изуча́ешь	изуча́ете	———	
	изуча́ет	изуча́ют		
PAST	изуча́л		изучи́л	
	изуча́ла		изучи́ла	
	изуча́ло		изучи́ло	
	изуча́ли		изучи́ли	
FUT.	бу́ду изуча́ть	бу́дем изуча́ть	изучу́	изу́чим
	бу́дешь изуча́ть	бу́дете изуча́ть	изу́чишь	изу́чите
	бу́дет изуча́ть	бу́дут изуча́ть	изу́чит	изу́чат
SUBJ.	изуча́л бы		изучи́л бы	
	изуча́ла бы		изучи́ла бы	
	изуча́ло бы		изучи́ло бы	
	изуча́ли бы		изучи́ли бы	
IMP.	изуча́й		изучи́	
	изуча́йте		изучи́те	

PARTICIPLES

PRES. ACT.	изуча́ющий	———
PRES. PASS.	изуча́емый	———
PAST ACT.	изуча́вший	изучи́вший
PAST PASS.	———	изу́ченный
ADV. PART.	изуча́я	изучи́в(-ши)

HAVE

	IMPERFECTIVE ASPECT		PERFECTIVE ASPECT
INF.	име́ть		
PRES.	име́ю	име́ем	
	име́ешь	име́ете	
	име́ет	име́ют	————
PAST	име́л		
	име́ла		
	име́ло		
	име́ли		
FUT.	бу́ду име́ть	бу́дем име́ть	
	бу́дешь име́ть	бу́дете име́ть	
	бу́дет име́ть	бу́дут име́ть	
SUBJ.	име́л бы		
	име́ла бы		
	име́ло бы		
	име́ли бы		
IMP.	име́й		
	име́йте		

PARTICIPLES

PRES. ACT.	име́ющий
PRES. PASS.	име́емый
PAST ACT.	име́вший
PAST PASS.	————
ADV. PART.	име́я

INTEREST
BE INTERESTED

IMPERFECTIVE ASPECT		PERFECTIVE ASPECT	
INF.	интересова́ть		заинтересова́ть	
PRES.	интересу́ю	интересу́ем		
	интересу́ешь	интересу́ете	———	
	интересу́ет	интересу́ют		
PAST	интересова́л		заинтересова́л	
	интересова́ла		заинтересова́ла	
	интересова́ло		заинтересова́ло	
	интересова́ли		заинтересова́ли	
FUT.	бу́ду	бу́дем	заинтересу́ю	заинтересу́ем
	бу́дешь	бу́дете	заинтересу́ешь	заинтересу́ете
	бу́дет	бу́дут	заинтересу́ет	заинтересу́ют
	интересова́ть	интересова́ть		
SUBJ.	интересова́л бы		заинтересова́л бы	
	интересова́ла бы		заинтересова́ла бы	
	интересова́ло бы		заинтересова́ло бы	
	интересова́ли бы		заинтересова́ли бы	
IMP.	интересу́й		заинтересу́й	
	интересу́йте		заинтересу́йте	

PARTICIPLES

PRES. ACT.	интересу́ющий	———	
PRES. PASS.	интересу́емый	———	
PAST ACT.	интересова́вший	заинтересова́вший	
PAST PASS.	———	заинтересо́ванный	
ADV. PART.	интересу́я	заинтересова́в(-ши)	

SEARCH FOR

	IMPERFECTIVE ASPECT		PERFECTIVE ASPECT	
INF.	иска́ть		поиска́ть	
PRES.	ищу́	и́щем	———	
	и́щешь	и́щете		
	и́щет	и́щут		
PAST	иска́л		поиска́л	
	иска́ла		поиска́ла	
	иска́ло		поиска́ло	
	иска́ли		поиска́ли	
FUT.	бу́ду иска́ть	бу́дем иска́ть	поищу́	пои́щем
	бу́дешь иска́ть	бу́дете иска́ть	пои́щешь	пои́щете
	бу́дет иска́ть	бу́дут иска́ть	пои́щет	пои́щут
SUBJ.	иска́л бы		поиска́л бы	
	иска́ла бы		поиска́ла бы	
	иска́ло бы		поиска́ло бы	
	иска́ли бы		поиска́ли бы	
IMP.	ищи́		поищи́	
	ищи́те		поищи́те	

PARTICIPLES

PRES. ACT.	и́щущий	———
PRES. PASS.	———	———
PAST ACT.	иска́вший	поиска́вший
PAST PASS.	———	———
ADV. PART.	ища́	поиска́в(-ши)

DISAPPEAR

IMPERFECTIVE ASPECT		PERFECTIVE ASPECT	

INF. исчеза́ть

исче́знуть

PRES.

исчеза́ю	исчеза́ем
исчеза́ешь	исчеза́ете
исчеза́ет	исчеза́ют

————

PAST

исчеза́л
исчеза́ла
исчеза́ло
исчеза́ли

исче́з
исче́зла
исче́зло
исче́зли

FUT.

бу́ду исчеза́ть	бу́дем исчеза́ть
бу́дешь исчеза́ть	бу́дете исчеза́ть
бу́дет исчеза́ть	бу́дут исчеза́ть

исче́зну	исче́знем
исче́знешь	исче́знете
исче́знет	исче́знут

SUBJ.

исчеза́л бы
исчеза́ла бы
исчеза́ло бы
исчеза́ли бы

исче́з бы
исче́зла бы
исче́зло бы
исче́зли бы

IMP.

исчеза́й
исчеза́йте

исче́зни
исче́зните

PARTICIPLES

PRES. ACT. исчеза́ющий

————

PRES. PASS. ————

————

PAST ACT. исчеза́вший

исче́знувший

PAST PASS. ————

————

ADV. PART. исчеза́я

исче́знув(-ши)

SEEM

	IMPERFECTIVE ASPECT		PERFECTIVE ASPECT	
INF.	казáться		показáться	
PRES.	кажýсь	кáжемся		
	кáжешься	кáжетесь	———	
	кáжется	кáжутся		
PAST	казáлся		показáлся	
	казáлась		показáлась	
	казáлось		показáлось	
	казáлись		показáлись	
FUT.	бýду казáться	бýдем казáться	покажýсь	покáжемся
	бýдешь казáться	бýдете казáться	покáжешься	покáжетесь
	бýдет казáться	бýдут казáться	покáжется	покáжутся
SUBJ.	казáлся бы		показáлся бы	
	казáлась бы		показáлась бы	
	казáлось бы		показáлось бы	
	казáлись бы		показáлись бы	
IMP.	кажúсь		покажúсь	
	кажúтесь		покажúтесь	

PARTICIPLES

PRES. ACT.	кáжущийся	———
PRES. PASS.	———	———
PAST ACT.	казáвшийся	показáвшийся
PAST PASS.	———	———
ADV. PART.	———	показáвшись

TOUCH, CONCERN

IMPERFECTIVE ASPECT		PERFECTIVE ASPECT	
INF.	касáться		коснýться

	IMPERFECTIVE ASPECT		PERFECTIVE ASPECT	
	касáюсь	касáемся		
	касáешься	касáетесь	———	
	касáется	касáются		
PAST	касáлся		коснýлся	
	касáлась		коснýлась	
	касáлось		коснýлось	
	касáлись		коснýлись	
FUT.	бýду касáться	бýдем касáться	коснýсь	коснёмся
	бýдешь касáться	бýдете касáться	коснёшься	коснётесь
	бýдет касáться	бýдут касáться	коснётся	коснýтся
SUBJ.	касáлся бы		коснýлся бы	
	касáлась бы		коснýлась бы	
	касáлось бы		коснýлось бы	
	касáлись бы		коснýлись бы	
IMP.	касáйся		коснúсь	
	касáйтесь		коснúтесь	

PARTICIPLES

PRES. ACT.	касáющийся		———
PRES. PASS.	———		———
PAST ACT.	касáвшийся		коснýвшийся
PAST PASS.	———		———
ADV. PART.	касáясь		коснýвшись

PLACE (flat)

	IMPERFECTIVE ASPECT		PERFECTIVE ASPECT	
INF.	класть		положи́ть	
PRES.	кладу́	кладём	————	
	кладёшь	кладёте		
	кладёт	кладу́т		
PAST	клал		положи́л	
	кла́ла		положи́ла	
	кла́ло		положи́ло	
	кла́ли		положи́ли	
FUT.	бу́ду класть	бу́дем класть	положу́	поло́жим
	бу́дешь класть	бу́дете класть	поло́жишь	поло́жите
	бу́дет класть	бу́дут класть	поло́жит	поло́жат
SUBJ.	клал бы		положи́л бы	
	кла́ла бы		положи́ла бы	
	кла́ло бы		положи́ло бы	
	кла́ли бы		положи́ли бы	
IMP.	клади́		положи́	
	клади́те		положи́те	

PARTICIPLES

PRES. ACT.	кладу́щий		————
PRES. PASS.	————		————
PAST ACT.	кла́вший		положи́вший
PAST PASS.	————		поло́женный
ADV. PART.	кладя́		положи́в(-ши)

FINISH

IMPERFECTIVE ASPECT		PERFECTIVE ASPECT	
INF.	кончáть		кóнчить
PRES.	кончáю	кончáем	
	кончáешь	кончáете	———
	кончáет	кончáют	
PAST	кончáл		кóнчил
	кончáла		кóнчила
	кончáло		кóнчило
	кончáли		кóнчили
FUT.	бýду кончáть	бýдем кончáть	кóнчу	кóнчим
	бýдешь кончáть	бýдете кончáть	кóнчишь	кóнчите
	бýдет кончáть	бýдут кончáть	кóнчит	кóнчат
SUBJ.	кончáл бы		кóнчил бы
	кончáла бы		кóнчила бы
	кончáло бы		кóнчило бы
	кончáли бы		кóнчили бы
IMP.	кончáй		кóнчи
	кончáйте		кóнчите

PARTICIPLES

PRES. ACT.	кончáющий	———
PRES. PASS.	кончáемый	———
PAST ACT.	кончáвший	кóнчивший
PAST PASS.	———	кóнченный
ADV. PART.	кончáя	кóнчив(-ши)

STEAL

	IMPERFECTIVE ASPECT		PERFECTIVE ASPECT	
INF.	красть		укра́сть	
PRES.	краду́	крадём	———	
	крадёшь	крадёте		
	крадёт	краду́т		
PAST	крал		укра́л	
	кра́ла		укра́ла	
	кра́ло		укра́ло	
	кра́ли		укра́ли	
FUT.	бу́ду красть	бу́дем красть	украду́	украдём
	бу́дешь красть	бу́дете красть	украдёшь	украдёте
	бу́дет красть	бу́дут красть	украдёт	украду́т
SUBJ.	крал бы		укра́л бы	
	кра́ла бы		укра́ла бы	
	кра́ло бы		укра́ло бы	
	кра́ли бы		укра́ли бы	
IMP.	кради́		укради́	
	кради́те		укради́те	

PARTICIPLES

PRES. ACT.	краду́щий	———
PRES. PASS.	———	———
PAST ACT.	кра́вший	укра́вший
PAST PASS.	———	укра́денный
ADV. PART.	крадя́	укра́в(-ши)

SHOUT / GIVE A SHOUT

	IMPERFECTIVE ASPECT		PERFECTIVE ASPECT	
INF.	крича́ть		кри́кнуть	
PRES.	кричу́	кричи́м		
	кричи́шь	кричи́те	———	
	кричи́т	крича́т		
PAST	крича́л		кри́кнул	
	крича́ла		кри́кнула	
	крича́ло		кри́кнуло	
	крича́ли		кри́кнули	
FUT.	бу́ду крича́ть	бу́дем крича́ть	кри́кну	кри́кнем
	бу́дешь крича́ть	бу́дете крича́ть	кри́кнешь	кри́кнете
	бу́дет крича́ть	бу́дут крича́ть	кри́кнет	кри́кнут
SUBJ.	крича́л бы		кри́кнул бы	
	крича́ла бы		кри́кнула бы	
	крича́ло бы		кри́кнуло бы	
	крича́ли бы		кри́кнули бы	
IMP.	кричи́		кри́кни	
	кричи́те		кри́кните	

PARTICIPLES

PRES. ACT.	крича́щий	———
PRES. PASS.	———	———
PAST ACT.	крича́вший	кри́кнувший
PAST PASS.	———	кри́кнутый
ADV. PART.	крича́	кри́кнув(-ши)

SMOKE

	IMPERFECTIVE ASPECT		PERFECTIVE ASPECT	
INF.	кури́ть		покури́ть	
PRES.	курю́	ку́рим		
	ку́ришь	ку́рите	———	
	ку́рит	ку́рят		
PAST	кури́л		покури́л	
	кури́ла		покури́ла	
	кури́ло		покури́ло	
	кури́ли		покури́ли	
FUT.	бу́ду кури́ть	бу́дем кури́ть	покурю́	поку́рим
	бу́дешь кури́ть	бу́дете кури́ть	поку́ришь	поку́рите
	бу́дет кури́ть	бу́дут кури́ть	поку́рит	поку́рят
SUBJ.	кури́л бы		покури́л бы	
	кури́ла бы		покури́ла бы	
	кури́ло бы		покури́ло бы	
	кури́ли бы		покури́ли бы	
IMP.	кури́		покури́	
	кури́те		покури́те	

PARTICIPLES

PRES. ACT.	куря́щий		———
PRES. PASS.	———		———
PAST ACT.	кури́вший		покури́вший
PAST PASS.	———		поку́ренный
ADV. PART.	куря́		покури́в(-ши)

BE LYING

IMPERFECTIVE ASPECT		PERFECTIVE ASPECT	
INF.	лежа́ть		полежа́ть

PRES.	лежу́	лежи́м		
	лежи́шь	лежи́те	———	
	лежи́т	лежа́т		

PAST	лежа́л		полежа́л
	лежа́ла		полежа́ла
	лежа́ло		полежа́ло
	лежа́ли		полежа́ли

FUT.	бу́ду лежа́ть	бу́дем лежа́ть	полежу́	полежи́м
	бу́дешь лежа́ть	бу́дете лежа́ть	полежи́шь	полежи́те
	бу́дет лежа́ть	бу́дут лежа́ть	полежи́т	полежа́т

SUBJ.	лежа́л бы		полежа́л бы
	лежа́ла бы		полежа́ла бы
	лежа́ло бы		полежа́ло бы
	лежа́ли бы		полежа́ли бы

IMP.	лежи́		полежи́
	лежи́те		полежи́те

PARTICIPLES

PRES. ACT.	лежа́щий		———
PRES. PASS.	———		———
PAST ACT.	лежа́вший		полежа́вший
PAST PASS.	———		———
ADV. PART.	лёжа		полежа́в(-ши)

FLY

IMPERFECTIVE

	INDETERMINATE		DETERMINATE	
INF.	лета́ть		лете́ть	
PRES.	лета́ю	лета́ем	лечу́	лети́м
	лета́ешь	лета́ете	лети́шь	лети́те
	лета́ет	лета́ют	лети́т	летя́т
PAST	лета́л		лете́л	
	лета́ла		лете́ла	
	лета́ло		лете́ло	
	лета́ли		лете́ли	
FUT.	бу́ду лета́ть	бу́дем лета́ть	бу́ду лете́ть	бу́дем лете́ть
	бу́дешь лета́ть	бу́дете лета́ть	бу́дешь лете́ть	бу́дете лете́ть
	бу́дет лета́ть	бу́дут лета́ть	бу́дет лете́ть	бу́дут лете́ть
SUBJ.	лета́л бы		лете́л бы	
	лета́ла бы		лете́ла бы	
	лета́ло бы		лете́ло бы	
	лета́ли бы		лете́ли бы	
IMP.	лета́й		лети́	
	лета́йте		лети́те	

PARTICIPLES

PRES. ACT.	лета́ющий	летя́щий
PRES. PASS.	———	———
PAST ACT.	лета́вший	лете́вший
PAST PASS.	———	———
ADV. PART.	лета́я	летя́

TREAT / CURE

	IMPERFECTIVE ASPECT		PERFECTIVE ASPECT	
INF.	лечи́ть		вы́лечить	
PRES.	лечу́	ле́чим		
	ле́чишь	ле́чите	———	
	ле́чит	ле́чат		
PAST	лечи́л		вы́лечил	
	лечи́ла		вы́лечила	
	лечи́ло		вы́лечило	
	лечи́ли		вы́лечили	
FUT.	бу́ду лечи́ть	бу́дем лечи́ть	вы́лечу	вы́лечим
	бу́дешь лечи́ть	бу́дете лечи́ть	вы́лечишь	вы́лечите
	бу́дет лечи́ть	бу́дут лечи́ть	вы́лечит	вы́лечат
SUBJ.	лечи́л бы		вы́лечил бы	
	лечи́ла бы		вы́лечила бы	
	лечи́ло бы		вы́лечило бы	
	лечи́ли бы		вы́лечили бы	
IMP.	лечи́		вы́лечи	
	лечи́те		вы́лечите	

PARTICIPLES

PRES. ACT.	ле́чащий	———	
PRES. PASS.	———	———	
PAST ACT.	лечи́вший	вы́лечивший	
PAST PASS.	———	вы́леченный	
ADV. PART.	леча́	вы́лечив(-ши)	

POUR

	IMPERFECTIVE ASPECT		PERFECTIVE ASPECT	
INF.	лить		нали́ть	
PRES.	лью	льём	———	
	льёшь	льёте		
	льёт	льют		
PAST	лил		на́лил (нали́л)	
	лила́		налила́	
	ли́ло		на́лило (нали́ло)	
	ли́ли		на́лили (нали́ли)	
FUT.	бу́ду лить	бу́дем лить	налью́	нальём
	бу́дешь лить	бу́дете лить	нальёшь	нальёте
	бу́дет лить	бу́дут лить	нальёт	нальют
SUBJ.	лил бы		на́лил (нали́л) бы	
	лила́ бы		налила́ бы	
	ли́ло бы		на́лило (нали́ло) бы	
	ли́ли бы		на́лили (нали́ли) бы	
IMP.	лей		нале́й	
	ле́йте		нале́йте	

PARTICIPLES

PRES. ACT.	лью́щий	———
PRES. PASS.	———	———
PAST ACT.	ли́вший	нали́вший
PAST PASS.	———	на́литый (нали́тый)
ADV. PART.	———	нали́в(-ши)

IMPERFECTIVE ASPECT		PERFECTIVE ASPECT	
INF. лови́ть		пойма́ть	
PRES. ловлю́	ло́вим		
ло́вишь	ло́вите	———	
ло́вит	ло́вят		
PAST лови́л		пойма́л	
лови́ла		пойма́ла	
лови́ло		пойма́ло	
лови́ли		пойма́ли	
FUT. бу́ду лови́ть	бу́дем лови́ть	пойма́ю	пойма́ем
бу́дешь лови́ть	бу́дете лови́ть	пойма́ешь	пойма́ете
бу́дет лови́ть	бу́дут лови́ть	пойма́ет	пойма́ют
SUBJ. лови́л бы		пойма́л бы	
лови́ла бы		пойма́ла бы	
лови́ло бы		пойма́ло бы	
лови́ли бы		пойма́ли бы	
IMP. лови́		пойма́й	
лови́те		пойма́йте	

PARTICIPLES

PRES. ACT.	лови́щий	———	
PRES. PASS.	———	———	
PAST ACT.	лови́вший	пойма́вший	
PAST PASS.	———	по́йманный	
ADV. PART.	ловя́	пойма́в(-ши)	

LIE DOWN

	IMPERFECTIVE ASPECT		PERFECTIVE ASPECT	
INF.	ложи́ться		лечь	
PRES.	ложу́сь	ложи́мся		
	ложи́шься	ложи́тесь	———	
	ложи́тся	ложа́тся		
PAST	ложи́лся		лёг	
	ложи́лась		легла́	
	ложи́лось		легло́	
	ложи́лись		легли́	
FUT.	бу́ду ложи́ться	бу́дем ложи́ться	ля́гу	ля́жем
	бу́дешь ложи́ться	бу́дете ложи́ться	ля́жешь	ля́жете
	бу́дет ложи́ться	бу́дут ложи́ться	ля́жет	ля́гут
SUBJ.	ложи́лся бы		лёг бы	
	ложи́лась бы		легла́ бы	
	ложи́лось бы		легло́ бы	
	ложи́лись бы		легли́ бы	
IMP.	ложи́сь		ляг	
	ложи́тесь		ля́гте	

PARTICIPLES

PRES. ACT.	ложа́щийся	———
PRES. PASS.	———	———
PAST ACT.	ложи́вшийся	лёгший
PAST PASS.	———	———
ADV. PART.	ложа́сь	лёгши

LIKE, LOVE

	IMPERFECTIVE ASPECT		PERFECTIVE ASPECT	
INF.	люби́ть		полюби́ть	
PRES.	люблю́	лю́бим		
	лю́бишь	лю́бите	———	
	лю́бит	лю́бят		
PAST	люби́л		полюби́л	
	люби́ла		полюби́ла	
	люби́ло		полюби́ло	
	люби́ли		полюби́ли	
FUT.	бу́ду люби́ть	бу́дем люби́ть	полюблю́	полю́бим
	бу́дешь люби́ть	бу́дете люби́ть	полю́бишь	полю́бите
	бу́дет люби́ть	бу́дут люби́ть	полю́бит	полю́бят
SUBJ.	люби́л бы		полюби́л бы	
	люби́ла бы		полюби́ла бы	
	люби́ло бы		полюби́ло бы	
	люби́ли бы		полюби́ли бы	
IMP.	люби́		полюби́	
	люби́те		полюби́те	

PARTICIPLES

PRES. ACT.	лю́бящий	———	
PRES. PASS.	люби́мый	———	
PAST ACT.	люби́вший	полюби́вший	
PAST PASS.	———	———	
ADV. PART.	любя́	полюби́в(-ши)	

93

HINDER

	IMPERFECTIVE ASPECT		PERFECTIVE ASPECT	
INF.	мешáть		помешáть	
PRES.	мешáю	мешáем		
	мешáешь	мешáете	———	
	мешáет	мешáют		
PAST	мешáл		помешáл	
	мешáла		помешáла	
	мешáло		помешáло	
	мешáли		помешáли	
FUT.	бýду мешáть	бýдем мешáть	помешáю	помешáем
	бýдешь мешáть	бýдете мешáть	помешáешь	помешáете
	бýдет мешáть	бýдут мешáть	помешáет	помешáют
SUBJ.	мешáл бы		помешáл бы	
	мешáла бы		помешáла бы	
	мешáло бы		помешáло бы	
	мешáли бы		помешáли бы	
IMP.	мешáй		помешáй	
	мешáйте		помешáйте	

PARTICIPLES

PRES. ACT.	мешáющий	———
PRES. PASS.	———	———
PAST ACT.	мешáвший	помешáвший
PAST PASS.	———	———
ADV. PART.	мешáя	помешáв(-ши)

BE ABLE

	IMPERFECTIVE ASPECT		PERFECTIVE ASPECT	
INF.	мочь		смочь	
PRES.	могу́	мо́жем	———	
	мо́жешь	мо́жете		
	мо́жет	мо́гут		
PAST	мог		смог	
	могла́		смогла́	
	могло́		смогло́	
	могли́		смогли́	
FUT.	———		смогу́	смо́жем
			смо́жешь	смо́жете
			смо́жет	смо́гут
SUBJ.	мог бы		смог бы	
	могла́ бы		смогла́ бы	
	могло́ бы		смогло́ бы	
	могли́ бы		смогли́ бы	
IMP.	———		———	
	———		———	

PARTICIPLES

PRES. ACT.	могу́щий	———
PRES. PASS.	———	———
PAST ACT.	мо́гший	смо́гший
PAST PASS.	———	———
ADV. PART.	———	———

МЫТЬ / ВЫМЫТЬ
МЫТЬСЯ / ВЫМЫТЬСЯ

WASH
WASH ONESELF

	IMPERFECTIVE ASPECT		PERFECTIVE ASPECT	
INF.	мыть		вы́мыть	
PRES.	мо́ю	мо́ем		
	мо́ешь	мо́ете	———	
	мо́ет	мо́ют		
PAST	мыл		вы́мыл	
	мы́ла		вы́мыла	
	мы́ло		вы́мыло	
	мы́ли		вы́мыли	
FUT.	бу́ду мыть	бу́дем мыть	вы́мою	вы́моем
	бу́дешь мыть	бу́дете мыть	вы́моешь	вы́моете
	бу́дет мыть	бу́дут мыть	вы́моет	вы́моют
SUBJ.	мыл бы		вы́мыл бы	
	мы́ла бы		вы́мыла бы	
	мы́ло бы		вы́мыло бы	
	мы́ли бы		вы́мыли бы	
IMP.	мой		вы́мой	
	мо́йте		вы́мойте	

PARTICIPLES

PRES. ACT.	мо́ющий	———
PRES. PASS.	———	———
PAST ACT.	мы́вший	вы́мывший
PAST PASS.	———	вы́мытый
ADV. PART.	мо́я	вы́мыв(ши)

96

HOPE

	IMPERFECTIVE ASPECT		PERFECTIVE ASPECT	
INF.	надея́ться		понадея́ться	
PRES.	надею́сь	надеемся		
	надеешься	надеетесь		
	надеется	надеются	———	
PAST	надеялся		понадеялся	
	надеялась		понадеялась	
	надеялось		понадеялось	
	надеялись		понадеялись	
FUT.	буду надеяться	будем надеяться	понадеюсь	понадеемся
	будешь надеяться	будете надеяться	понадеешься	понадеетесь
	будет надеяться	будут надеяться	понадеется	понадеются
SUBJ.	надеялся бы		понадеялся бы	
	надеялась бы		понадеялась бы	
	надеялось бы		понадеялось бы	
	надеялись бы		понадеялись бы	
IMP.	надейся		понадейся	
	надейтесь		понадейтесь	

PARTICIPLES

PRES. ACT.	надеющийся		———
PRES. PASS.	———		———
PAST ACT.	надеявшийся		понадеявшийся
PAST PASS.	———		———
ADV. PART.	надеясь		понадеявшись

NAME

	IMPERFECTIVE ASPECT		PERFECTIVE ASPECT	
INF.	называть		назва́ть	
PRES.	называ́ю	называ́ем		
	называ́ешь	называ́ете	———	
	называ́ет	называ́ют		
PAST	называ́л		назва́л	
	называ́ла		назвала́	
	называ́ло		назва́ло	
	называ́ли		назва́ли	
FUT.	бу́ду называ́ть	бу́дем называ́ть	назову́	назовём
	бу́дешь называ́ть	бу́дете называ́ть	назовёшь	назовёте
	бу́дет называ́ть	бу́дут называ́ть	назовёт	назову́т
SUBJ.	называ́л бы		назва́л бы	
	называ́ла бы		назвала́ бы	
	называ́ло бы		назва́ло бы	
	называ́ли бы		назва́ли бы	
IMP.	называ́й		назови́	
	называ́йте		назови́те	

PARTICIPLES

PRES. ACT.	называ́ющий	———
PRES. PASS.	называ́емый	———
PAST ACT.	называ́вший	назва́вший
PAST PASS.	———	на́званный
ADV. PART.	называ́я	назва́в(-ши)

BEGIN

IMPERFECTIVE ASPECT		PERFECTIVE ASPECT	
INF. начина́ть		нача́ть	
PRES. начина́ю	начина́ем		
начина́ешь	начина́ете	———	
начина́ет	начина́ют		
PAST начина́л		на́чал	
начина́ла		начала́	
начина́ло		на́чало	
начина́ли		на́чали	
FUT. бу́ду начина́ть	бу́дем начина́ть	начну́	начнём
бу́дешь начина́ть	бу́дете начина́ть	начнёшь	начнёте
бу́дет начина́ть	бу́дут начина́ть	начнёт	начну́т
SUBJ. начина́л бы		на́чал бы	
начина́ла бы		начала́ бы	
начина́ло бы		на́чало бы	
начина́ли бы		на́чали бы	
IMP. начина́й		начни́	
начина́йте		начни́те	

PARTICIPLES

PRES. ACT. начина́ющий		———	
PRES. PASS. начина́емый		———	
PAST ACT. начина́вший		нача́вший	
PAST PASS. ———		на́чатый (на́чат, начата́, на́чато)	
ADV. PART. начина́я		нача́в(-ши)	

НОСИТЬ*НЕСТИ/ПОНЕСТИ (ВНЕСТИ)

CARRY

IMPERFECTIVE

	INDETERMINATE		DETERMINATE	
INF.	носи́ть		нести́	
PRES.	ношу́	но́сим	несу́	несём
	но́сишь	но́сите	несёшь	несёте
	но́сит	но́сят	несёт	несу́т
PAST	носи́л		нёс	
	носи́ла		несла́	
	носи́ло		несло́	
	носи́ли		несли́	
FUT.	бу́ду носи́ть	бу́дем носи́ть	бу́ду нести́	бу́дем нести́
	бу́дешь носи́ть	бу́дете носи́ть	бу́дешь нести́	бу́дете нести́
	бу́дет носи́ть	бу́дут носи́ть	бу́дет нести́	бу́дут нести́
SUBJ.	носи́л бы		нёс бы	
	носи́ла бы		несла́ бы	
	носи́ло бы		несло́ бы	
	носи́ли бы		несли́ бы	
IMP.	носи́		неси́	
	носи́те		неси́те	

PARTICIPLES

PRES. ACT.	нося́щий	несу́щий
PRES. PASS.	носи́мый	———
PAST ACT.	носи́вший	нёсший
PAST PASS.	———	———
ADV. PART.	нося́	неся́

BE PLEASING

	IMPERFECTIVE ASPECT		PERFECTIVE ASPECT	
INF.	нра́виться		понра́виться	
PRES.	нра́влюсь	нра́вимся		
	нра́вишься	нра́витесь	———	
	нра́вится	нра́вятся		
PAST	нра́вился		понра́вился	
	нра́вилась		понра́вилась	
	нра́вилось		понра́вилось	
	нра́вились		понра́вились	
FUT.	бу́ду нра́виться	бу́дем нра́виться	понра́влюсь	понра́вимся
	бу́дешь нра́виться	бу́дете нра́виться	понра́вишься	понра́витесь
	бу́дет нра́виться	бу́дут нра́виться	понра́вится	понра́вятся
SUBJ.	нра́вился бы		понра́вился бы	
	нра́вилась бы		понра́вилась бы	
	нра́вилось бы		понра́вилось бы	
	нра́вились бы		понра́вились бы	
IMP.	———		———	
	———		———	

PARTICIPLES

PRES. ACT.	нра́вящийся		———	
PRES. PASS.	———		———	
PAST ACT.	нра́вившийся		понра́вившийся	
PAST PASS.	———		———	
ADV. PART.	нра́вясь		понра́вившись	

OUTDISTANCE

	IMPERFECTIVE ASPECT		PERFECTIVE ASPECT	
INF.	обгоня́ть		обогна́ть	
PRES.	обгоня́ю	обгоня́ем		
	обгоня́ешь	обгоня́ете	———	
	обгоня́ет	обгоня́ют		
PAST	обгоня́л		обогна́л	
	обгоня́ла		обогнала́	
	обгоня́ло		обогна́ло	
	обгоня́ли		обогна́ли	
FUT.	бу́ду обгоня́ть	бу́дем обгоня́ть	обгоню́	обго́ним
	бу́дешь обгоня́ть	бу́дете обгоня́ть	обго́нишь	обго́ните
	бу́дет обгоня́ть	бу́дут обгоня́ть	обго́нит	обго́нят
SUBJ.	обгоня́л бы		обогна́л бы	
	обгоня́ла бы		обогнала́ бы	
	обгоня́ло бы		обогна́ло бы	
	обгоня́ли бы		обогна́ли бы	
IMP.	обгоня́й		обгони́	
	обгоня́йте		обгони́те	

PARTICIPLES

PRES. ACT.	обгоня́ющий	———
PRES. PASS.	обгоня́емый	———
PAST ACT.	обгоня́вший	обогна́вший
PAST PASS.	———	обо́гнанный
ADV. PART.	обгоня́я	обогна́в(-ши)

HAVE DINNER

	IMPERFECTIVE ASPECT		PERFECTIVE ASPECT	
INF.	обе́дать		пообе́дать	
PRES.	обе́даю	обе́даем		
	обе́даешь	обе́даете	———	
	обе́дает	обе́дают		
PAST	обе́дал		пообе́дал	
	обе́дала		пообе́дала	
	обе́дало		пообе́дало	
	обе́дали		пообе́дали	
FUT.	бу́ду обе́дать	бу́дем обе́дать	пообе́даю	пообе́даем
	бу́дешь обе́дать	бу́дете обе́дать	пообе́даешь	пообе́даете
	бу́дет обе́дать	бу́дут обе́дать	пообе́дает	пообе́дают
SUBJ.	обе́дал бы		пообе́дал бы	
	обе́дала бы		пообе́дала бы	
	обе́дало бы		пообе́дало бы	
	обе́дали бы		пообе́дали бы	
IMP.	обе́дай		пообе́дай	
	обе́дайте		пообе́дайте	

PARTICIPLES

PRES. ACT.	обе́дающий	———
PRES. PASS.	———	———
PAST ACT.	обе́давший	пообе́давший
PAST PASS.	———	———
ADV. PART.	обе́дая	пообе́дав(-ши)

PROMISE

	IMPERFECTIVE ASPECT	and	PERFECTIVE ASPECT

INF. обеща́ть

PRES.
обеща́ю   обеща́ем
обеща́ешь   обеща́ете
обеща́ет   обеща́ют
————

PAST
обеща́л
обеща́ла
обеща́ло
обеща́ли

FUT.
бу́ду обеща́ть   бу́дем обеща́ть   обеща́ю   обеща́ем
бу́дешь обеща́ть   бу́дете обеща́ть   обеща́ешь   обеща́ете
бу́дет обеща́ть   бу́дут обеща́ть   обеща́ет   обеща́ют

SUBJ.
обеща́л бы
обеща́ла бы
обеща́ло бы
обеща́ли бы

IMP.
обеща́й
обеща́йте

PARTICIPLES

PRES. ACT. обеща́ющий   ————

PRES. PASS. обеща́емый   ————

PAST ACT. обеща́вший

PAST PASS. ————   обе́щанный

ADV. PART. обеща́я   обеща́в(-ши)

EXPLAIN

	IMPERFECTIVE ASPECT		PERFECTIVE ASPECT	
INF.	объясня́ть		объясни́ть	
PRES.	объясня́ю	объясня́ем		
	объясня́ешь	объясня́ете		
	объясня́ет	объясня́ют	———	
PAST	объясня́л		объясни́л	
	объясня́ла		объясни́ла	
	объясня́ло		объясни́ло	
	объясня́ли		объясни́ли	
FUT.	бу́ду объясня́ть	бу́дем объясня́ть	объясню́	объясни́м
	бу́дешь объясня́ть	бу́дете объясня́ть	объясни́шь	объясни́те
	бу́дет объясня́ть	бу́дут объясня́ть	объясни́т	объясня́т
SUBJ.	объясня́л бы		объясни́л бы	
	объясня́ла бы		объясни́ла бы	
	объясня́ло бы		объясни́ло бы	
	объясня́ли бы		объясни́ли бы	
IMP.	объясня́й		объясни́	
	объясня́йте		объясни́те	

PARTICIPLES

PRES. ACT.	объясня́ющий	———
PRES. PASS.	объясня́емый	———
PAST ACT.	объясня́вший	объясни́вший
PAST PASS.	———	объяснённый (объяснён, объяснена́)
ADV. PART.	объясня́я	объясни́в(-ши)

ОДЕВА́ТЬ / ОДЕ́ТЬ
ОДЕВА́ТЬСЯ / ОДЕ́ТЬСЯ

DRESS
GET DRESSED

	IMPERFECTIVE ASPECT		PERFECTIVE ASPECT	
INF.	одева́ть		оде́ть	
PRES.	одева́ю	одева́ем		
	одева́ешь	одева́ете	———	
	одева́ет	одева́ют		
PAST	одева́л		оде́л	
	одева́ла		оде́ла	
	одева́ло		оде́ло	
	одева́ли		оде́ли	
FUT.	бу́ду одева́ть	бу́дем одева́ть	оде́ну	оде́нем
	бу́дешь одева́ть	бу́дете одева́ть	оде́нешь	оде́нете
	бу́дет одева́ть	бу́дут одева́ть	оде́нет	оде́нут
SUBJ.	одева́л бы		оде́л бы	
	одева́ла бы		оде́ла бы	
	одева́ло бы		оде́ло бы	
	одева́ли бы		оде́ли бы	
IMP.	одева́й		оде́нь	
	одева́йте		оде́ньте	

PARTICIPLES

PRES. ACT.	одева́ющий	———
PRES. PASS.	одева́емый	———
PAST ACT.	одева́вший	оде́вший
PAST PASS.	———	оде́тый
ADV. PART.	одева́я	оде́в(-ши)

BE LATE

IMPERFECTIVE ASPECT		PERFECTIVE ASPECT	
INF.	опа́здывать		опозда́ть

PRES.	опа́здываю	опа́здываем		
	опа́здываешь	опа́здываете	———	
	опа́здывает	опа́здывают		

PAST	опа́здывал		опозда́л	
	опа́здывала		опозда́ла	
	опа́здывало		опозда́ло	
	опа́здывали		опозда́ли	

FUT.	бу́ду опа́здывать	бу́дем опа́здывать	опозда́ю	опозда́ем
	бу́дешь опа́здывать	бу́дете опа́здывать	опозда́ешь	опозда́ете
	бу́дет опа́здывать	бу́дут опа́здывать	опозда́ет	опозда́ют

SUBJ.	опа́здывал бы		опозда́л бы
	опа́здывала бы		опозда́ла бы
	опа́здывало бы		опозда́ло бы
	опа́здывали бы		опозда́ли бы

IMP.	опа́здывай		опозда́й
	опа́здывайте		опозда́йте

PARTICIPLES

PRES. ACT.	опа́здывающий	———
PRES. PASS.	———	———
PAST ACT.	опа́здывавший	опозда́вший
PAST PASS.	———	———
ADV. PART.	опа́здывая	опозда́в(-ши)

LOOK OVER

	IMPERFECTIVE ASPECT		PERFECTIVE ASPECT	
INF.	осма́тривать		осмотре́ть	
PRES.	осма́триваю	осма́триваем	———	
	осма́триваешь	осма́триваете		
	осма́тривает	осма́тривают		
PAST	осма́тривал		осмотре́л	
	осма́тривала		осмотре́ла	
	осма́тривало		осмотре́ло	
	осма́тривали		осмотре́ли	
FUT.	бу́ду осма́тривать	бу́дем осма́тривать	осмотрю́	осмо́трим
	бу́дешь осма́тривать	бу́дете осма́тривать	осмо́тришь	осмо́трите
	бу́дет осма́тривать	бу́дут осма́тривать	осмо́трит	осмо́трят
SUBJ.	осма́тривал бы		осмотре́л бы	
	осма́тривала бы		осмотре́ла бы	
	осма́тривало бы		осмотре́ло бы	
	осма́тривали бы		осмотре́ли бы	
IMP.	осма́тривай		осмотри́	
	осма́тривайте		осмотри́те	

PARTICIPLES

PRES. ACT.	осма́тривающий	———
PRES. PASS.	осма́триваемый	———
PAST ACT.	осма́тривавший	осмотре́вший
PAST PASS.	———	осмо́тренный
ADV. PART.	осма́тривая	осмотре́в(-ши)

REMAIN

	IMPERFECTIVE ASPECT		PERFECTIVE ASPECT	
INF.	остава́тьсья		оста́ться	
PRES.	остаю́сь	остаёмся		
	остаёшься	остаётесь	————	
	остаётся	остаю́тся		
PAST	остава́лся		оста́лся	
	остава́лась		оста́лась	
	остава́лось		оста́лось	
	остава́лись		оста́лись	
FUT.	бу́ду остава́ться	бу́дем остава́ться	оста́нусь	оста́немся
	бу́дешь остава́ться	бу́дете остава́ться	оста́нешься	оста́нетесь
	бу́дет остава́ться	бу́дут остава́ться	оста́нется	оста́нутся
SUBJ.	остава́лся бы		оста́лся бы	
	остава́лась бы		оста́лась бы	
	остава́лось бы		оста́лось бы	
	остава́лись бы		оста́лись бы	
IMP.	остава́йся		оста́нься	
	остава́йтесь		оста́ньтесь	

PARTICIPLES

PRES. ACT.	остаю́щийся	————	
PRES. PASS.	————	————	
PAST ACT.	остава́вшийся	оста́вшийся	
PAST PASS.	————	————	
ADV. PART.	остава́ясь	оста́вшись	

LEAVE BEHIND

	IMPERFECTIVE ASPECT		PERFECTIVE ASPECT	
INF.	оставля́ть		оста́вить	
PRES.	оставля́ю	оставля́ем		
	оставля́ешь	оставля́ете	———	
	оставля́ет	оставля́ют		
PAST	оставля́л		оста́вил	
	оставля́ла		оста́вила	
	оставля́ло		оста́вило	
	оставля́ли		оста́вили	
FUT.	бу́ду оставля́ть	бу́дем оставля́ть	оста́влю	оста́вим
	бу́дешь оставля́ть	бу́дете оставля́ть	оста́вишь	оста́вите
	бу́дет оставля́ть	бу́дут оставля́ть	оста́вит	оста́вят
SUBJ.	оставля́л бы		оста́вил бы	
	оставля́ла бы		оста́вила бы	
	оставля́ло бы		оста́вило бы	
	оставля́ли бы		оста́вили бы	
IMP.	оставля́й		оста́вь	
	оставля́йте		оста́вьте	

PARTICIPLES

PRES. ACT.	оставля́ющий	———
PRES. PASS.	оставля́емый	———
PAST ACT.	оставля́вший	оста́вивший
PAST PASS.	———	оста́вленный
ADV. PART.	оставля́я	оста́вив(-ши)

BRING TO A STOP
COME TO A STOP

	IMPERFECTIVE ASPECT		PERFECTIVE ASPECT	
INF.	остана́вливать		останови́ть	
PRES.	остана́вливаю	остана́вливаем		
	остана́вливаешь	остана́вливаете	———	
	остана́вливает	остана́вливают		
PAST	остана́вливал		останови́л	
	остана́вливала		останови́ла	
	остана́вливало		останови́ло	
	остана́вливали		останови́ли	
FUT.	бу́ду	бу́дем	остановлю́	остано́вим
	бу́дешь	бу́дете	остано́вишь	остано́вите
	бу́дет	бу́дут	остано́вит	остано́вят
	остана́вливать	остана́вливать		
SUBJ.	остана́вливал бы		останови́л бы	
	остана́вливала бы		останови́ла бы	
	остана́вливало бы		останови́ло бы	
	остана́вливали бы		останови́ли бы	
IMP.	остана́вливай		останови́	
	остана́вливайте		останови́те	

PARTICIPLES

PRES. ACT.	остана́вливающий	———
PRES. PASS.	остана́вливаемый	———
PAST ACT.	остана́вливавший	останови́вший
PAST PASS.	———	остано́вленный
ADV. PART.	остана́вливая	останови́в(-ши)

ANSWER

	IMPERFECTIVE ASPECT		PERFECTIVE ASPECT	
INF.	отвеча́ть		отве́тить	
PRES.	отвеча́ю	отвеча́ем		
	отвеча́ешь	отвеча́ете	———	
	отвеча́ет	отвеча́ют		
PAST	отвеча́л		отве́тил	
	отвеча́ла		отве́тила	
	отвеча́ло		отве́тило	
	отвеча́ли		отве́тили	
FUT.	бу́ду отвеча́ть	бу́дем отвеча́ть	отве́чу	отве́тим
	бу́дешь отвеча́ть	бу́дете отвеча́ть	отве́тишь	отве́тите
	бу́дет отвеча́ть	бу́дут отвеча́ть	отве́тит	отве́тят
SUBJ.	отвеча́л бы		отве́тил бы	
	отвеча́ла бы		отве́тила бы	
	отвеча́ло бы		отве́тило бы	
	отвеча́ли бы		отве́тили бы	
IMP.	отвеча́й		отве́ть	
	отвеча́йте		отве́тьте	

PARTICIPLES

PRES. ACT.	отвеча́ющий	———
PRES. PASS.	———	———
PAST ACT.	отвеча́вший	отве́тивший
PAST PASS.	———	———
ADV. PART.	отвеча́я	отве́тив(-ши)

REST

	IMPERFECTIVE ASPECT		PERFECTIVE ASPECT	
INF.	отдыхáть		отдохнýть	
PRES.	отдыхáю	отдыхáем	———	
	отдыхáешь	отдыхáете		
	отдыхáет	отдыхáют		
PAST	отдыхáл		отдохнýл	
	отдыхáла		отдохнýла	
	отдыхáло		отдохнýло	
	отдыхáли		отдохнýли	
FUT.	бýду отдыхáть	бýдем отдыхáть	отдохнý	отдохнём
	бýдешь отдыхáть	бýдете отдыхáть	отдохнёшь	отдохнёте
	бýдет отдыхáть	бýдут отдыхáть	отдохнёт	отдохнýт
SUBJ.	отдыхáл бы		отдохнýл бы	
	отдыхáла бы		отдохнýла бы	
	отдыхáло бы		отдохнýло бы	
	отдыхáли бы		отдохнýли бы	
IMP.	отдыхáй		отдохни	
	отдыхáйте		отдохните	

PARTICIPLES

PRES. ACT.	отдыхáющий	———
PRES. PASS.	———	———
PAST ACT.	отдыхáвший	отдохнýвший
PAST PASS.	———	———
ADV. PART.	отдыхáя	отдохнýв(-ши)

DISTINGUISH
BE DISTINGUISHED

	IMPERFECTIVE ASPECT		PERFECTIVE ASPECT	
INF.	отлича́ть		отличи́ть	
PRES.	отлича́ю	отлича́ем	———	
	отлича́ешь	отлича́ете		
	отлича́ет	отлича́ют		
PAST	отлича́л		отличи́л	
	отлича́ла		отличи́ла	
	отлича́ло		отличи́ло	
	отлича́ли		отличи́ли	
FUT.	бу́ду отлича́ть	бу́дем отлича́ть	отличу́	отличи́м
	бу́дешь отлича́ть	бу́дете отлича́ть	отличи́шь	отличи́те
	бу́дет отлича́ть	бу́дут отлича́ть	отличи́т	отлича́т
SUBJ.	отлича́л бы		отличи́л бы	
	отлича́ла бы		отличи́ла бы	
	отлича́ло бы		отличи́ло бы	
	отлича́ли бы		отличи́ли бы	
IMP.	отлича́й		отличи́	
	отлича́йте		отличи́те	

PARTICIPLES

PRES. ACT.	отлича́ющий	———
PRES. PASS.	отлича́емый	———
PAST ACT.	отлича́вший	отличи́вший
PAST PASS.	———	отличённый (отличён, отлична́)
ADV. PART.	отлича́я	отличи́в(-ши)

MAKE A MISTAKE

	IMPERFECTIVE ASPECT		PERFECTIVE ASPECT	
INF.	ошиба́ться		ошиби́ться	
PRES.	ошиба́юсь	ошиба́емся	————	
	ошиба́ешься	ошиба́етесь		
	ошиба́ется	ошиба́ются		
PAST	ошиба́лся		оши́бся	
	ошиба́лась		оши́блась	
	ошиба́лось		оши́блось	
	ошиба́лись		оши́блись	
FUT.	бу́ду ошиба́ться	бу́дем ошиба́ться	ошибу́сь	ошибёмся
	бу́дешь ошиба́ться	бу́дете ошиба́ться	ошибёшься	ошибётесь
	бу́дет ошиба́ться	бу́дут ошиба́ться	ошибётся	ошибу́тся
SUBJ.	ошиба́лся бы		оши́бся бы	
	ошиба́лась бы		оши́блась бы	
	ошиба́лось бы		оши́блось бы	
	ошиба́лись бы		оши́блись бы	
IMP.	ошиба́йся		ошиби́сь	
	ошиба́йтесь		ошиби́тесь	

PARTICIPLES

PRES. ACT.	ошиба́ющийся	————
PRES. PASS.	————	————
PAST ACT.	ошиба́вшийся	оши́бшийся
PAST PASS.	————	————
ADV. PART.	ошиба́ясь	оши́бясь

FALL

	IMPERFECTIVE ASPECT		PERFECTIVE ASPECT	
INF.	па́дать		упа́сть	
PRES.	па́даю	па́даем		
	па́даешь	па́даете		
	па́дает	па́дают	———	
PAST	па́дал		упа́л	
	па́дала		упа́ла	
	па́дало		упа́ло	
	па́дали		упа́ли	
FUT.	бу́ду па́дать	бу́дем па́дать	упаду́	упадём
	бу́дешь па́дать	бу́дете па́дать	упадёшь	упадёте
	бу́дет па́дать	бу́дут па́дать	упадёт	упаду́т
SUBJ.	па́дал бы		упа́л бы	
	па́дала бы		упа́ла бы	
	па́дало бы		упа́ло бы	
	па́дали бы		упа́ли бы	
IMP.	па́дай		упади́	
	па́дайте		упади́те	

PARTICIPLES

PRES. ACT.	па́дающий		———
PRES. PASS.	———		———
PAST ACT.	па́давший		упа́вший
PAST PASS.	———		———
ADV. PART.	па́дая		упа́в(-ши)

SING

	IMPERFECTIVE ASPECT		PERFECTIVE ASPECT	
INF.	петь		спеть	
PRES.	пою́	поём		
	поёшь	поёте	———	
	поёт	пою́т		
PAST	пел		спел	
	пе́ла		спе́ла	
	пе́ло		спе́ло	
	пе́ли		спе́ли	
FUT.	бу́ду петь	бу́дем петь	спою́	споём
	бу́дешь петь	бу́дете петь	споёшь	споёте
	бу́дет петь	бу́дут петь	споёт	спою́т
SUBJ.	пел бы		спел бы	
	пе́ла бы		спе́ла бы	
	пе́ло бы		спе́ло бы	
	пе́ли бы		спе́ли бы	
IMP.	пой		спой	
	по́йте		спо́йте	

PARTICIPLES

PRES. ACT.	пою́щий	———
PRES. PASS.	———	———
PAST ACT.	пе́вший	спе́вший
PAST PASS.	———	спе́тый
ADV. PART.	———	спе́в(-ши)

BAKE

	IMPERFECTIVE ASPECT		PERFECTIVE ASPECT	
INF.	печь		испéчь	
PRES.	пекý	печём	————	
	печёшь	печёте		
	печёт	пекýт		
PAST	пёк		испёк	
	пеклá		испеклá	
	пекло́		испекло́	
	пекли́		испекли́	
FUT.	бýду печь	бýдем печь	испекý	псиечём
	бýдешь печь	бýдете печь	испечёшь	испечёте
	бýдет печь	бýдут печь	испечёт	испекýт
SUBJ.	пёк бы		испёк бы	
	пеклá бы		испеклá бы	
	пекло́ бы		испекло́ бы	
	пекли́ бы		испекли́ бы	
IMP.	пеки́		испеки́	
	пеки́те		испеки́те	

PARTICIPLES

PRES. ACT.	пекýщий	————
PRES. PASS.	————	————
PAST ACT.	пёкший	испёкший
PAST PASS.	————	испечённый (испечён, испеченá)
ADV. PART.	————	испёкши

WRITE

	IMPERFECTIVE ASPECT		PERFECTIVE ASPECT	
INF.	писа́ть		написа́ть	
PRES.	пишу́	пи́шем		
	пи́шешь	пи́шете	———	
	пи́шет	пи́шут		
PAST	писа́л		написа́л	
	писа́ла		написа́ла	
	писа́ло		написа́ло	
	писа́ли		написа́ли	
FUT.	бу́ду писа́ть	бу́дем писа́ть	напишу́	напи́шем
	бу́дешь писа́ть	бу́дете писа́ть	напи́шешь	напи́шете
	бу́дет писа́ть	бу́дут писа́ть	напи́шет	напи́шут
SUBJ.	писа́л бы		написа́л бы	
	писа́ла бы		написа́ла бы	
	писа́ло бы		написа́ло бы	
	писа́ли бы		написа́ли бы	
IMP.	пиши́		напиши́	
	пиши́те		напиши́те	

PARTICIPLES

PRES. ACT.	пи́шущий	———
PRES. PASS.	———	———
PAST ACT.	писа́вший	написа́вший
PAST PASS.	———	напи́санный
ADV. PART.	———	написа́в(-ши)

DRINK

	IMPERFECTIVE ASPECT		PERFECTIVE ASPECT	
INF.	пить		вы́пить	
PRES.	пью	пьём		
	пьёшь	пьёте	———	
	пьёт	пьют		
PAST	пил		вы́пил	
	пила́		вы́пила	
	пи́ло		вы́пило	
	пи́ли		вы́пили	
FUT.	бу́ду пить	бу́дем пить	вы́пью	вы́пьем
	бу́дешь пить	бу́дете пить	вы́пьешь	вы́пьете
	бу́дет пить	бу́дут пить	вы́пьет	вы́пьют
SUBJ.	пил бы		вы́пил бы	
	пила́ бы		вы́пила бы	
	пи́ло бы		вы́пило бы	
	пи́ли бы		вы́пили бы	
IMP.	пей		вы́пей	
	пе́йте		вы́пейте	

PARTICIPLES

PRES. ACT.	пью́щий	———
PRES. PASS.	———	———
PAST ACT.	пи́вший	вы́пивший
PAST PASS.	———	вы́питый
ADV. PART.	———	вы́пив(-ши)

SWIM

IMPERFECTIVE

	INDETERMINATE		DETERMINATE	
INF.	пла́вать		плыть	
PRES.	пла́ваю	пла́ваем	плыву́	плывём
	пла́ваешь	пла́ваете	плывёшь	плывёте
	пла́вает	пла́вают	плывёт	плыву́т
PAST	пла́вал		плыл	
	пла́вала		плыла́	
	пла́вало		плы́ло	
	пла́вали		плы́ли	
FUT.	бу́ду пла́вать	бу́дем пла́вать	бу́ду плыть	бу́дем плыть
	бу́дешь пла́вать	бу́дете пла́вать	бу́дешь плыть	бу́дете плыть
	бу́дет пла́вать	бу́дут пла́вать	бу́дет плыть	бу́дут плыть
SUBJ.	пла́вал бы		плыл бы	
	пла́вала бы		плыла́ бы	
	пла́вало бы		плы́ло бы	
	пла́вали бы		плы́ли бы	
IMP.	пла́вай		плыви́	
	пла́вайте		плыви́те	

PARTICIPLES

PRES. ACT.	пла́вающий	плыву́щий
PRES. PASS.	——	——
PAST ACT	пла́вавший	плы́вший
PAST PASS.	——	——
ADV. PART.	пла́вая	плывя́

ПЛАКАТЬ / ЗАПЛАКАТЬ

WEEP

	IMPERFECTIVE ASPECT		PERFECTIVE ASPECT	
INF.	пла́кать		запла́кать	
PRES.	пла́чу	пла́чем		
	пла́чешь	пла́чете	———	
	пла́чет	пла́чут		
PAST	пла́кал		запла́кал	
	пла́кала		запла́кала	
	пла́кало		запла́кало	
	пла́кали		запла́кали	
FUT.	бу́ду пла́кать	бу́дем пла́кать	запла́чу	запла́чем
	бу́дешь пла́кать	бу́дете пла́кать	запла́чешь	запла́чете
	бу́дет пла́кать	бу́дут пла́кать	запла́чет	запла́чут
SUBJ.	пла́кал бы		запла́кал бы	
	пла́кала бы		запла́кала бы	
	пла́кало бы		запла́кало бы	
	пла́кали бы		запла́кали бы	
IMP.	плачь		запла́чь	
	пла́чьте		запла́чьте	

PARTICIPLES

PRES. ACT.	пла́чущий		———
PRES. PASS.	———		———
PAST ACT.	пла́кавший		запла́кавший
PAST PASS.	———		———
ADV. PART.	пла́ча		запла́кав(-ши)

PAY

	IMPERFECTIVE ASPECT		PERFECTIVE ASPECT	
INF.	плати́ть		заплати́ть	
PRES.	плачу́	пла́тим		
	пла́тишь	пла́тите	———	
	пла́тит	пла́тят		
PAST	плати́л		заплати́л	
	плати́ла		заплати́ла	
	плати́ло		заплати́ло	
	плати́ли		заплати́ли	
FUT.	бу́ду плати́ть	бу́дем плати́ть	заплачу́	запла́тим
	бу́дешь плати́ть	бу́дете плати́ть	запла́тишь	запла́тите
	бу́дет плати́ть	бу́дут плати́ть	запла́тит	запла́тят
SUBJ.	плати́л бы		заплати́л бы	
	плати́ла бы		заплати́ла бы	
	плати́ло бы		заплати́ло бы	
	плати́ли бы		заплати́ли бы	
IMP.	плати́		заплати́	
	плати́те		заплати́те	

PARTICIPLES

PRES. ACT.	пла́тящий	———
PRES. PASS.	———	———
PAST ACT.	плати́вший	заплати́вший
PAST PASS.	———	запла́ченный
ADV. PART.	платя́	заплати́в(-ши)

ПОВТОРЯ́ТЬ / ПОВТОРИ́ТЬ

REPEAT

	IMPERFECTIVE ASPECT		PERFECTIVE ASPECT	
INF.	повторя́ть		повтори́ть	
PRES.	повторя́ю	повторя́ем		
	повторя́ешь	повторя́ете	———	
	повторя́ет	повторя́ют		
PAST	повторя́л		повтори́л	
	повторя́ла		повтори́ла	
	повторя́ло		повтори́ло	
	повторя́ли		повтори́ли	
FUT.	бу́ду повторя́ть	бу́дем повторя́ть	повторю́	повтори́м
	бу́дешь повторя́ть	бу́дете повторя́ть	повтори́шь	повтори́те
	бу́дет повторя́ть	бу́дут повторя́ть	повтори́т	повторя́т
SUBJ.	повторя́л бы		повтори́л бы	
	повторя́ла бы		повтори́ла бы	
	повторя́ло бы		повтори́ло бы	
	повторя́ли бы		повтори́ли бы	
IMP.	повторя́й		повтори́	
	повторя́йте		повтори́те	

PARTICIPLES

PRES. ACT.	повторя́ющий	———
PRES. PASS.	повторя́емый	———
PAST ACT.	повторя́вший	повтори́вший
PAST PASS.	———	повторённый (повторён, повторена́)
ADV. PART.	повторя́я	повтори́в(-ши)

124

	IMPERFECTIVE ASPECT		PERFECTIVE ASPECT	
INF.	покупа́ть		купи́ть	
PRES.	покупа́ю	покупа́ем		
	покупа́ешь	покупа́ете	———	
	покупа́ет	покупа́ют		
PAST	покупа́л		купи́л	
	покупа́ла		купи́ла	
	покупа́ло		купи́ло	
	покупа́ли		купи́ли	
FUT.	бу́ду покупа́ть	бу́дем покупа́ть	куплю́	ку́пим
	бу́дешь покупа́ть	бу́дете покупа́ть	ку́пишь	ку́пите
	бу́дет покупа́ть	бу́дут покупа́ть	ку́пит	ку́пят
SUBJ.	покупа́л бы		купи́л бы	
	покупа́ла бы		купи́ла бы	
	покупа́ло бы		купи́ло бы	
	покупа́ли бы		купи́ли бы	
IMP.	покупа́й		купи́	
	покупа́йте		купи́те	

PARTICIPLES

PRES. ACT.	покупа́ющий	———
PRES. PASS.	покупа́емый	———
PAST ACT.	покупа́вший	купи́вший
PAST PASS.	———	ку́пленный
ADV. PART.	покупа́я	купи́в(-ши)

RECEIVE

	IMPERFECTIVE ASPECT		PERFECTIVE ASPECT	
INF.	получа́ть		получи́ть	
PRES.	получа́ю	получа́ем		
	получа́ешь	получа́ете	———	
	получа́ет	получа́ют		
PAST	получа́л		получи́л	
	получа́ла		получи́ла	
	получа́ло		получи́ло	
	получа́ли		получи́ли	
FUT.	бу́ду получа́ть	бу́дем получа́ть	получу́	полу́чим
	бу́дешь получа́ть	бу́дете получа́ть	полу́чишь	полу́чите
	бу́дет получа́ть	бу́дут получа́ть	полу́чит	полу́чат
SUBJ.	получа́л бы		получи́л бы	
	получа́ла бы		получи́ла бы	
	получа́ло бы		получи́ло бы	
	получа́ли бы		получи́ли бы	
IMP.	получа́й		получи́	
	получа́йте		получи́те	

PARTICIPLES

	IMPERFECTIVE	PERFECTIVE
PRES. ACT.	получа́ющий	———
PRES. PASS.	получа́емый	———
PAST ACT.	получа́вший	получи́вший
PAST PASS.	———	полу́ченный
ADV. PART.	получа́я	получи́в(-ши)

USE, ENJOY

	IMPERFECTIVE ASPECT		PERFECTIVE ASPECT	
INF.	пóльзоваться		воспóльзоваться	
PRES.	пóльзуюсь	пóльзуемся		
	пóльзуешься	пóльзуетесь	———	
	пóльзуется	пóльзуются		
PAST	пóльзовался		воспóльзовался	
	пóльзовалась		воспóльзовалась	
	пóльзовалось		воспóльзовалось	
	пóльзовались		воспóльзовались	
FUT.	бýду	бýдем	воспóльзуюсь	воспóльзуемся
	бýдешь	бýдете	воспóльзуешься	воспóльзуетесь
	бýдет	бýдут	воспóльзуется	воспóльзуются
	пóльзоваться	пóльзоваться		
SUBJ.	пóльзовался бы		воспóльзовался бы	
	пóльзовалась бы		воспóльзовалась бы	
	пóльзовалось бы		воспóльзовалось бы	
	пóльзовались бы		воспóльзовались бы	
IMP.	пóльзуйся		воспóльзуйся	
	пóльзуйтесь		воспóльзуйтесь	

PARTICIPLES

PRES. ACT.	пóльзующийся	———
PRES. PASS.	———	———
PAST ACT.	пóльзовавшийся	воспóльзовавшийся
PAST PASS.	———	———
ADV. PART.	пóльзуясь	воспóльзовавшись

ПОМНИТЬ

REMEMBER

	IMPERFECTIVE ASPECT		PERFECTIVE ASPECT

INF. пóмнить

PRES. пóмню   пóмним
       пóмнишь   пóмните
       пóмнит   пóмнят

PAST   пóмнил
       пóмнила
       пóмнило
       пóмнили

FUT.   бýду пóмнить   бýдем пóмнить
       бýдешь пóмнить   бýдете пóмнить
       бýдет пóмнить   бýдут пóмнить

SUBJ. пóмнил бы
       пóмнила бы
       пóмнило бы
       пóмнили бы

IMP.   пóмни
       пóмните

PARTICIPLES

PRES. ACT.   пóмнящий

PRES. PASS. ———

PAST ACT.   пóмнивший

PAST PASS. ———

ADV. PART.   пóмня

	IMPERFECTIVE ASPECT		PERFECTIVE ASPECT	
INF.	помога́ть		помо́чь	
PRES.	помога́ю	помога́ем		
	помога́ешь	помога́ете	———	
	помога́ет	помога́ют		
PAST	помога́л		помо́г	
	помога́ла		помогла́	
	помога́ло		помогло́	
	помога́ли		помогли́	
FUT.	бу́ду помога́ть	бу́дем помога́ть	помогу́	помо́жем
	бу́дешь помога́ть	бу́дете помога́ть	помо́жешь	помо́жете
	бу́дет помога́ть	бу́дут помога́ть	помо́жет	помо́гут
SUBJ.	помога́л бы		помо́г бы	
	помога́ла бы		помогла́ бы	
	помога́ло бы		помогло́ бы	
	помога́ли бы		помогли́ бы	
IMP.	помога́й		помоги́	
	помога́йте		помоги́те	

PARTICIPLES

PRES. ACT.	помога́ющий	
PRES. PASS.	———	———
PAST ACT.	помога́вший	помо́гший
PAST PASS.	———	———
ADV. PART.	помога́я	———

ПОПРАВЛЯТЬ / ПОПРАВИТЬ
ПОПРАВЛЯТЬСЯ / ПОПРАВИТЬСЯ

CORRECT
GET WELL

	IMPERFECTIVE ASPECT		PERFECTIVE ASPECT	
INF.	поправля́ть		попра́вить	
PRES.	поправля́ю	поправля́ем		
	поправля́ешь	поправля́ете	———	
	поправля́ет	поправля́ют		
PAST	поправля́л		попра́вил	
	поправля́ла		попра́вила	
	поправля́ло		попра́вило	
	поправля́ли		попра́вили	
FUT.	бу́ду поправля́ть	бу́дем поправля́ть	попра́влю	попра́вим
	бу́дешь поправля́ть	бу́дете поправля́ть	попра́вишь	попра́вите
	бу́дет поправля́ть	бу́дут поправля́ть	попра́вит	попра́вят
SUBJ.	поправля́л бы		попра́вил бы	
	поправля́ла бы		попра́вила бы	
	поправля́ло бы		попра́вило бы	
	поправля́ли бы		попра́вили бы	
IMP.	поправля́й		попра́вь	
	поправля́йте		попра́вьте	

PARTICIPLES

PRES. ACT.	поправля́ющий	———
PRES. PASS.	поправля́емый	———
PAST ACT.	поправля́вший	попра́вивший
PAST PASS.	———	попра́вленный
ADV. PART.	поправля́я	попра́вив(-ши)

IMPERFECTIVE ASPECT		PERFECTIVE ASPECT	
INF.	посещáть		посетѝть

	IMPERFECTIVE		PERFECTIVE	
PRES.	посещáю	посещáем		
	посещáешь	посещáете	———	
	посещáет	посещáют		
PAST	посещáл		посетѝл	
	посещáла		посетѝла	
	посещáло		посетѝло	
	посещáли		посетѝли	
FUT.	бýду посещáть	бýдем посещáть	посещý	посетѝм
	бýдешь посещáть	бýдете посещáть	посетѝшь	посетѝте
	бýдет посещáть	бýдут посещáть	посетѝт	посетя́т
SUBJ.	посещáл бы		посетѝл бы	
	посещáла бы		посетѝла бы	
	посещáло бы		посетѝло бы	
	посещáли бы		посетѝли бы	
IMP.	посещáй		посетѝ	
	посещáйте		посетѝте	

PARTICIPLES

	IMPERFECTIVE	PERFECTIVE
PRES. ACT.	посещáющий	———
PRES. PASS.	посещáемый	———
PAST ACT.	посещáвший	посетѝвший
PAST PASS.	———	посещённый (посещён, посещенá)
ADV. PART.	посещáя	посетѝв(-ши)

ENROLL

IMPERFECTIVE ASPECT		PERFECTIVE ASPECT	
INF.	поступа́ть		поступи́ть

	IMPERFECTIVE ASPECT		PERFECTIVE ASPECT	
PRES.	поступа́ю	поступа́ем		
	поступа́ешь	поступа́ете	———	
	поступа́ет	поступа́ют		
PAST	поступа́л		поступи́л	
	поступа́ла		поступи́ла	
	поступа́ло		поступи́ло	
	поступа́ли		поступи́ли	
FUT.	бу́ду поступа́ть	бу́дем поступа́ть	поступлю́	посту́пим
	бу́дешь поступа́ть	бу́дете поступа́ть	посту́пишь	посту́пите
	бу́дет поступа́ть	бу́дут поступа́ть	посту́пит	посту́пят
SUBJ.	поступа́л бы		поступи́л бы	
	поступа́ла бы		поступи́ла бы	
	поступа́ло бы		поступи́ло бы	
	поступа́ли бы		поступи́ли бы	
IMP.	поступа́й		поступи́	
	поступа́йте		поступи́те	

PARTICIPLES

	IMPERFECTIVE	PERFECTIVE
PRES. ACT.	поступа́ющий	———
PRES. PASS.	———	———
PAST ACT.	поступа́вший	поступи́вший
PAST PASS.	———	———
ADV. PART.	поступа́я	поступи́в(-ши)

SEND

	IMPERFECTIVE ASPECT		PERFECTIVE ASPECT	
INF.	посыла́ть		посла́ть	
PRES.	посыла́ю	посыла́ем		
	посыла́ешь	посыла́ете	———	
	посыла́ет	посыла́ют		
PAST	посыла́л		посла́л	
	посыла́ла		посла́ла	
	посыла́ло		посла́ло	
	посыла́ли		посла́ли	
FUT.	бу́ду посыла́ть	бу́дем посыла́ть	пошлю́	пошлём
	бу́дешь посыла́ть	бу́дете посыла́ть	пошлёшь	пошлёте
	бу́дет посыла́ть	бу́дут посыла́ть	пошлёт	пошлю́т
SUBJ.	посыла́л бы		посла́л бы	
	посыла́ла бы		посла́ла бы	
	посыла́ло бы		посла́ло бы	
	посыла́ли бы		посла́ли бы	
IMP.	посыла́й		пошли́	
	посыла́йте		пошли́те	

PARTICIPLES

PRES. ACT.	посыла́ющий	———
PRES. PASS.	посыла́емый	———
PAST ACT.	посыла́вший	посла́вший
PAST PASS.	———	по́сланный
ADV. PART.	посыла́я	посла́в(-ши)

ПРЕДПОЧИТАТЬ / ПРЕДПОЧЕСТЬ

PREFER

	IMPERFECTIVE ASPECT		PERFECTIVE ASPECT	
INF.	предпочита́ть		предпоче́сть	
PRES.	предпочита́ю	предпочита́ем		
	предпочита́ешь	предпочита́ете	———	
	предпочита́ет	предпочита́ют		
PAST	предпочита́л		предпочёл	
	предпочита́ла		предпочла́	
	предпочита́ло		предпочло́	
	предпочита́ли		предпочли́	
FUT.	бу́ду	бу́дем	предпочту́	предпочтём
	бу́дешь	бу́дете	предпочтёшь	предпочтёте
	бу́дет	бу́дут	предпочтёт	предпочту́т
	предпочита́ть	предпочита́ть		
SUBJ.	предпочита́л бы		предпочёл бы	
	предпочита́ла бы		предпочла́ бы	
	предпочита́ло бы		предпочло́ бы	
	предпочита́ли бы		предпочли́ бы	
IMP.	предпочита́й		предпочти́	
	предпочита́йте		предпочти́те	

PARTICIPLES

PRES. ACT.	предпочита́ющий	———
PRES. PASS.	предпочита́емый	———
PAST ACT.	предпочита́вший	———
PAST PASS.	———	предпочтённый (предпочтён, предпочтена́)
ADV. PART.	предпочита́я	предпочтя́

	IMPERFECTIVE ASPECT		PERFECTIVE ASPECT	
INF.	привлека́ть		привле́чь	
PRES.	привлека́ю	привлека́ем	———	
	привлека́ешь	привлека́ете		
	привлека́ет	привлека́ют		
PAST	привлека́л		привлёк	
	привлека́ла		привлекла́	
	привлека́ло		привлекло́	
	привлека́ли		привлекли́	
FUT.	бу́ду привлека́ть	бу́дем привлека́ть	привлеку́	привлечём
	бу́дешь привлека́ть	бу́дете привлека́ть	привлечёшь	привлечёте
	бу́дет привлека́ть	бу́дут привлека́ть	привлечёт	привлеку́т
SUBJ.	привлека́л бы		привлёк бы	
	привлека́ла бы		привлекла́ бы	
	привлека́ло бы		привлекло́ бы	
	привлека́ли бы		привлекли́ бы	
IMP.	привлека́й		привлеки́	
	привлека́йте		привлеки́те	

PARTICIPLES

PRES. ACT.	привлека́ющий	———
PRES. PASS.	привлека́емый	———
PAST ACT.	привлека́вший	привлёкший
PAST PASS.	———	привлечённый (привлечён, привлечена́)
ADV. PART.	привлека́я	привлёкши

BECOME ACCUSTOMED

	IMPERFECTIVE ASPECT		PERFECTIVE ASPECT	
INF.	привыка́ть		привы́кнуть	
PRES.	привыка́ю	привыка́ем		
	привыка́ешь	привыка́ете	———	
	привыка́ет	привыка́ют		
PAST	привыка́л		привы́к	
	привыка́ла		привы́кла	
	привыка́ло		привы́кло	
	привыка́ли		привы́кли	
FUT.	бу́ду привыка́ть	бу́дем привыка́ть	привы́кну	привы́кнем
	бу́дешь привыка́ть	бу́дете привыка́ть	привы́кнешь	привы́кнете
	бу́дет привыка́ть	бу́дут привыка́ть	привы́кнет	привы́кнут
SUBJ.	привыка́л бы		привы́к бы	
	привыка́ла бы		привы́кла бы	
	привыка́ло бы		привы́кло бы	
	привыка́ли бы		привы́кли бы	
IMP.	привыка́й		привы́кни	
	привыка́йте		привы́кните	

PARTICIPLES

PRES. ACT.	привыка́ющий		———
PRES. PASS.	———		———
PAST ACT.	привыка́вший		привы́кший
PAST PASS.	———		———
ADV. PART.	привыка́я		привы́кнув

INVITE

IMPERFECTIVE ASPECT		PERFECTIVE ASPECT	
INF.	приглаша́ть		пригласи́ть

	IMPERFECTIVE ASPECT		PERFECTIVE ASPECT	
PRES.	приглаша́ю приглаша́ешь приглаша́ет	приглаша́ем приглаша́ете приглаша́ют	———	
PAST	приглаша́л приглаша́ла приглаша́ло приглаша́ли		пригласи́л пригласи́ла пригласи́ло пригласи́ли	
FUT.	бу́ду приглаша́ть бу́дешь приглаша́ть бу́дет приглаша́ть	бу́дем приглаша́ть бу́дете приглаша́ть бу́дут приглаша́ть	приглашу́ пригласи́шь пригласи́т	пригласи́м пригласи́те приглася́т
SUBJ.	приглаша́л бы приглаша́ла бы приглаша́ло бы приглаша́ли бы		пригласи́л бы пригласи́ла бы пригласи́ло бы пригласи́ли бы	
IMP.	приглаша́й приглаша́йте		пригласи́ пригласи́те	

PARTICIPLES

PRES. ACT.	приглаша́ющий	———
PRES. PASS.	приглаша́емый	———
PAST ACT.	приглаша́вший	пригласи́вший
PAST PASS.	———	приглашённый (приглашён, приглашена́)
ADV. PART.	приглаша́я	пригласи́в(-ши)

137

RECOGNIZE

	IMPERFECTIVE ASPECT		PERFECTIVE ASPECT	
INF.	признавáть		призна́ть	
PRES.	признаю́	признаём		
	признаёшь	признаёте	———	
	признаёт	признаю́т		
PAST	признавáл		призна́л	
	признавáла		призна́ла	
	признавáло		призна́ло	
	признавáли		призна́ли	
FUT.	бу́ду признавáть	бу́дем признавáть	призна́ю	призна́ем
	бу́дешь признавáть	бу́дете признавáть	призна́ешь	призна́ете
	бу́дет признавáть	бу́дут признавáть	призна́ет	призна́ют
SUBJ.	признавáл бы		призна́л бы	
	признавáла бы		призна́ла бы	
	признавáло бы		призна́ло бы	
	признавáли бы		призна́ли бы	
IMP.	признавáй		призна́й	
	признавáйте		призна́йте	

PARTICIPLES

PRES. ACT.	признаю́щий	———
PRES. PASS.	признавáемый	———
PAST ACT.	признавáвший	призна́вший
PAST PASS.	———	при́знанный
ADV. PART.	признавáя	призна́в(-ши)

COME ON FOOT

	IMPERFECTIVE ASPECT		PERFECTIVE ASPECT	
INF.	приходи́ть		прийти́	
PRES.	прихожу́	прихо́дим		
	прихо́дишь	прихо́дите	———	
	прихо́дит	прихо́дят		
PAST	приходи́л		пришёл	
	приходи́ла		пришла́	
	приходи́ло		пришло́	
	приходи́ли		пришли́	
FUT.	бу́ду приходи́ть	бу́дем приходи́ть	приду́	придём
	бу́дешь приходи́ть	бу́дете приходи́ть	придёшь	придёте
	бу́дет приходи́ть	бу́дут приходи́ть	придёт	приду́т
SUBJ.	приходи́л бы		пришёл бы	
	приходи́ла бы		пришла́ бы	
	приходи́ло бы		пришло́ бы	
	приходи́ли бы		пришли́ бы	
IMP.	приходи́		приди́	
	приходи́те		приди́те	

PARTICIPLES

PRES. ACT.	приходя́щий	———
PRES. PASS.	———	———
PAST ACT.	приходи́вший	прише́дший
PAST PASS.	———	———
ADV. PART.	приходя́	придя́

ПРОВЕРЯ́ТЬ / ПРОВЕ́РИТЬ

VERIFY

	IMPERFECTIVE ASPECT		PERFECTIVE ASPECT	
INF.	проверя́ть		прове́рить	
PRES.	проверя́ю	проверя́ем		
	проверя́ешь	проверя́ете	———	
	проверя́ет	проверя́ют		
PAST	проверя́л		прове́рил	
	проверя́ла		прове́рила	
	проверя́ло		прове́рило	
	проверя́ли		прове́рили	
FUT.	бу́ду проверя́ть	бу́дем проверя́ть	прове́рю	прове́рим
	бу́дешь проверя́ть	бу́дете проверя́ть	прове́ришь	прове́рите
	бу́дет проверя́ть	бу́дут проверя́ть	прове́рит	прове́рят
SUBJ.	проверя́л бы		прове́рил бы	
	проверя́ла бы		прове́рила бы	
	проверя́ло бы		прове́рило бы	
	проверя́ли бы		прове́рили бы	
IMP.	проверя́й		прове́рь	
	проверя́йте		прове́рьте	

PARTICIPLES

PRES. ACT.	проверя́ющий	———
PRES. PASS.	проверя́емый	———
PAST ACT.	проверя́вший	прове́ривший
PAST PASS.	———	прове́ренный
ADV. PART.	проверя́я	прове́рив(-ши)

CONTINUE

	IMPERFECTIVE ASPECT		PERFECTIVE ASPECT	
INF.	продолжа́ть		продо́лжить	
PRES.	продолжа́ю	продолжа́ем		
	продолжа́ешь	продолжа́ете	———	
	продолжа́ет	продолжа́ют		
PAST	продолжа́л		продо́лжил	
	продолжа́ла		продо́лжила	
	продолжа́ло		продо́лжило	
	продолжа́ли		продо́лжили	
FUT.	бу́ду продолжа́ть	бу́дем продолжа́ть	продо́лжу	продо́лжим
	бу́дешь продолжа́ть	бу́дете продолжа́ть	продо́лжишь	продо́лжите
	бу́дет продолжа́ть	бу́дут продолжа́ть	продо́лжит	продо́лжат
SUBJ.	продолжа́л бы		продо́лжил бы	
	продолжа́ла бы		продо́лжила бы	
	продолжа́ло бы		продо́лжило бы	
	продолжа́ли бы		продо́лжили бы	
IMP.	продолжа́й		———	
	продолжа́йте		———	

PARTICIPLES

PRES. ACT.	продолжа́ющий		———	
PRES. PASS.	продолжа́емый		———	
PAST ACT.	продолжа́вший		продо́лживший	
PAST PASS.	———		продо́лженный	
ADV. PART.	продолжа́я		продо́лжив(-ши)	

141

REQUEST

	IMPERFECTIVE ASPECT		PERFECTIVE ASPECT	
INF.	проси́ть		попроси́ть	
PRES.	прошу́	про́сим		
	про́сишь	про́сите	———	
	про́сит	про́сят		
PAST	проси́л		попроси́л	
	проси́ла		попроси́ла	
	проси́ло		попроси́ло	
	проси́ли		попроси́ли	
FUT.	бу́ду проси́ть	бу́дем проси́ть	попрошу́	попро́сим
	бу́дешь проси́ть	бу́дете проси́ть	попро́сишь	попро́сите
	бу́дет проси́ть	бу́дут проси́ть	попро́сит	попро́сят
SUBJ.	проси́л бы		попроси́л бы	
	проси́ла бы		попроси́ла бы	
	проси́ло бы		попроси́ло бы	
	проси́ли бы		попроси́ли бы	
IMP.	проси́		попроси́	
	проси́те		попроси́те	

PARTICIPLES

PRES. ACT.	прося́щий	———
PRES. PASS.	———	———
PAST ACT.	проси́вший	попроси́вший
PAST PASS.	———	попро́шенный
ADV. PART.	прося́	попроси́в(-ши)

CATCH COLD

	IMPERFECTIVE ASPECT		PERFECTIVE ASPECT	
INF.	простужа́ться		простуди́ться	
PRES.	простужа́юсь	простужа́емся		
	простужа́ешься	простужа́етесь	———	
	простужа́ется	простужа́ются		
PAST	простужа́лся		простуди́лся	
	простужа́лась		простуди́лась	
	простужа́лось		простуди́лось	
	простужа́лись		простуди́лись	
FUT.	бу́ду	бу́дем	простужу́сь	просту́димся
	бу́дешь	бу́дете	просту́дишься	просту́дитесь
	бу́дет	бу́дут	просту́дится	просту́дятся
	простужа́ться	простужа́ться		
SUBJ.	простужа́лся бы		простуди́лся бы	
	простужа́лась бы		простуди́лась бы	
	простужа́лось бы		простуди́лось бы	
	простужа́лись бы		простуди́лись бы	
IMP.	простужа́йся		простуди́сь	
	простужа́йтесь		простуди́тесь	

PARTICIPLES

PRES. ACT.	простужа́ющийся	———
PRES. PASS.	———	———
PAST ACT.	простужа́вшийся	простуди́вшийся
PAST PASS.	———	———
ADV. PART.	простужа́ясь	простуди́вшись

WAKE UP

	IMPERFECTIVE ASPECT		PERFECTIVE ASPECT	
INF.	просыпа́ться		просну́ться	
PRES.	просыпа́юсь	просыпа́емся		
	просыпа́ешься	просыпа́етесь		
	просыпа́ется	просыпа́ются		
PAST	просыпа́лся		просну́лся	
	просыпа́лась		просну́лась	
	просыпа́лось		просну́лось	
	просыпа́лись		просну́лись	
FUT.	бу́ду просыпа́ться	бу́дем просыпа́ться	просну́сь	проснёмся
	бу́дешь просыпа́ться	бу́дете просыпа́ться	проснёшься	проснётесь
	бу́дет просыпа́ться	бу́дут просыпа́ться	проснётся	просну́тся
SUBJ.	просыпа́лся бы		просну́лся бы	
	просыпа́лась бы		просну́лась бы	
	просыпа́лось бы		просну́лось бы	
	просыпа́лись бы		просну́лись бы	
IMP.	просыпа́йся		просни́сь	
	просыпа́йтесь		просни́тесь	

PARTICIPLES

PRES. ACT.	просыпа́ющийся	———
PRES. PASS.	———	———
PAST ACT.	просыпа́вшийся	просну́вшийся
PAST PASS.	———	———
ADV. PART.	просыпа́ясь	просну́вшись

FORGIVE
SAY FAREWELL

	IMPERFECTIVE ASPECT		PERFECTIVE ASPECT	
INF.	проща́ть		прости́ть	
PRES.	проща́ю	проща́ем		
	проща́ешь	проща́ете	———	
	проща́ет	проща́ют		
PAST	проща́л		прости́л	
	проща́ла		прости́ла	
	проща́ло		прости́ло	
	проща́ли		прости́ли	
FUT.	бу́ду проща́ть	бу́дем проща́ть	прощу́	прости́м
	бу́дешь проща́ть	бу́дете проща́ть	прости́шь	прости́те
	бу́дет проща́ть	бу́дут проща́ть	прости́т	простя́т
SUBJ.	проща́л бы		прости́л бы	
	проща́ла бы		прости́ла бы	
	проща́ло бы		прости́ло бы	
	проща́ли бы		прости́ли бы	
IMP.	проща́й		прости́	
	проща́йте		прости́те	

PARTICIPLES

PRES. ACT.	проща́ющий	———
PRES. PASS.	проща́емый	———
PAST ACT.	проща́вший	прости́вший
PAST PASS.	———	прощённый (прощён, прощена́)
ADV. PART.	проща́я	прости́в(-ши)

JUMP

	IMPERFECTIVE ASPECT		PERFECTIVE ASPECT	
INF.	прыгать		прыгнуть	
PRES.	прыгаю	прыгаем		
	прыгаешь	прыгаете	———	
	прыгает	прыгают		
PAST	прыгал		прыгнул	
	прыгала		прыгнула	
	прыгало		прыгнуло	
	прыгали		прыгнули	
FUT.	буду прыгать	будем прыгать	прыгну	прыгнем
	будешь прыгать	будете прыгать	прыгнешь	прыгнете
	будет прыгать	будут прыгать	прыгнет	прыгнут
SUBJ.	прыгал бы		прыгнул бы	
	прыгала бы		прыгнула бы	
	прыгало бы		прыгнуло бы	
	прыгали бы		прыгнули бы	
IMP.	прыгай		прыгни	
	прыгайте		прыгните	

PARTICIPLES

PRES. ACT.	прыгающий	———
PRES. PASS.	———	———
PAST ACT.	прыгавший	прыгнувший
PAST PASS.	———	———
ADV. PART.	прыгая	прыгнув(-ши)

HIDE

IMPERFECTIVE ASPECT		PERFECTIVE ASPECT	
INF.	пря́тать		спря́тать

PRES.	пря́чу	пря́чем	
	пря́чешь	пря́чете	———
	пря́чет	пря́чут	

PAST	пря́тал		спря́тал
	пря́тала		спря́тала
	пря́тало		спря́тало
	пря́тали		спря́тали

FUT.	бу́ду пря́тать	бу́дем пря́тать	спря́чу	спря́чем
	бу́дешь пря́тать	бу́дете пря́тать	спря́чешь	спря́чете
	бу́дет пря́тать	бу́дут пря́тать	спря́чет	спря́чут

SUBJ.	пря́тал бы		спря́тал бы
	пря́тала бы		спря́тала бы
	пря́тало бы		спря́тало бы
	пря́тали бы		спря́тали бы

IMP.	прячь		спрячь
	пря́чьте		спря́чьте

PARTICIPLES

PRES. ACT.	пря́чущий	———
PRES. PASS.	———	———
PAST ACT.	пря́тавший	спря́тавший
PAST PASS.	———	спря́танный
ADV. PART.	пря́ча	спря́тав(-ши)

ПУТЕШЕСТВОВАТЬ / ПОПУТЕШЕСТВОВАТЬ

TRAVEL

	IMPERFECTIVE ASPECT		PERFECTIVE ASPECT	
INF.	путешéствовать		попутешéствовать	
PRES.	путешéствую	путешéствуем		
	путешéствуешь	путешéствуете	———	
	путешéствует	путешéствуют		
PAST	путешéствовал		попутешéствовал	
	путешéствовала		попутешéствовала	
	путешéствовало		попутешéствовало	
	путешéствовали		попутешéствовали	
FUT.	бýду	бýдем	попутешéствую	попутешéствуем
	бýдешь	бýдете	попутешéствуешь	попутешéствуете
	бýдет	бýдут	попутешéствует	попутешéствуют
	путешéствовать	путешéствовать		
SUBJ.	путешéствовал бы		попутешéствовал бы	
	путешéствовала бы		попутешéствовала бы	
	путешéствовало бы		попутешéствовало бы	
	путешéствовали бы		попутешéствовали бы	
IMP.	путешéствуй		попутешéствуй	
	путешéствуйте		попутешéствуйте	

PARTICIPLES

PRES. ACT.	путешéствующий	———
PRES. PASS.	———	———
PAST ACT.	путешéствовавший	попутешéствовавший
PAST PASS.	———	———
ADV. PART.	путешéствуя	попутешéствовав(-ши)

148

IMPERFECTIVE ASPECT		PERFECTIVE ASPECT	
INF.	работать		поработать

PRES.

работаю	работаем
работаешь	работаете
работает	работают

——————

PAST

работал		поработал
работала		поработала
работало		поработало
работали		поработали

FUT.

буду работать	будем работать	поработаю	поработаем
будешь работать	будете работать	поработаешь	поработаете
будет работать	будут работать	поработает	поработают

SUBJ.

работал бы	поработал бы
работала бы	поработала бы
работало бы	поработало бы
работали бы	поработали бы

IMP.

работай	поработай
работайте	поработайте

PARTICIPLES

PRES. ACT.	работающий	——————
PRES. PASS.	——————	——————
PAST ACT.	работавший	поработавший
PAST PASS.	——————	——————
ADV. PART.	работая	поработав(-ши)

DESTROY

	IMPERFECTIVE ASPECT		PERFECTIVE ASPECT	
INF.	разруша́ть		разру́шить	
PRES.	разруша́ю	разруша́ем		
	разруша́ешь	разруша́ете	———	
	разруша́ет	разруша́ют		
PAST	разруша́л		разру́шил	
	разруша́ла		разру́шила	
	разруша́ло		разру́шило	
	разруша́ли		разру́шили	
FUT.	бу́ду разруша́ть	бу́дем разруша́ть	разру́шу	разру́шим
	бу́дешь разруша́ть	бу́дете разруша́ть	разру́шишь	разру́шите
	бу́дет разруша́ть	бу́дут разруша́ть	разру́шит	разру́шат
SUBJ.	разруша́л бы		разру́шил бы	
	разруша́ла бы		разру́шила бы	
	разруша́ло бы		разру́шило бы	
	разруша́ли бы		разру́шили бы	
IMP.	разруша́й		разру́шь	
	разруша́йте		разру́шьте	

PARTICIPLES

PRES. ACT.	разруша́ющий	———
PRES. PASS.	разруша́емый	———
PAST ACT.	разруша́вший	разру́шивший
PAST PASS.	———	разру́шенный
ADV. PART.	разруша́я	разру́шив(-ши)

NARRATE

	IMPERFECTIVE ASPECT		PERFECTIVE ASPECT	
INF.	расска́зывать		рассказа́ть	
PRES.	расска́зываю	расска́зываем		
	расска́зываешь	расска́зываете	——	
	расска́зывает	расска́зывают		
PAST	расска́зывал		рассказа́л	
	расска́зывала		рассказа́ла	
	расска́зывало		рассказа́ло	
	расска́зывали		рассказа́ли	
FUT.	бу́ду расска́зывать	бу́дем расска́зывать	расскажу́	расска́жем
	бу́дешь расска́зывать	бу́дете расска́зывать	расска́жешь	расска́жете
	бу́дет расска́зывать	бу́дут расска́зывать	расска́жет	расска́жут
SUBJ.	расска́зывал бы		рассказа́л бы	
	расска́зывала бы		рассказа́ла бы	
	расска́зывало бы		рассказа́ло бы	
	расска́зывали бы		рассказа́ли бы	
IMP.	расска́зывай		расскажи́	
	расска́зывайте		расскажи́те	

PARTICIPLES

PRES. ACT.	расска́зывающий	——
PRES. PASS.	расска́зываемый	——
PAST ACT.	расска́зывавший	рассказа́вший
PAST PASS.	——	расска́занный
ADV. PART.	расска́зывая	рассказа́в(-ши)

РАСТИ / ВЫРАСТИ

GROW / GROW UP

	IMPERFECTIVE ASPECT		PERFECTIVE ASPECT	
INF.	расти́		вы́расти	
PRES.	расту́	растём		
	растёшь	растёте	———	
	растёт	расту́т		
PAST	рос		вы́рос	
	росла́		вы́росла	
	росло́		вы́росло	
	росли́		вы́росли	
FUT.	бу́ду расти́	бу́дем расти́	вы́расту	вы́растем
	бу́дешь расти́	бу́дете расти́	вы́растешь	вы́растете
	бу́дет расти́	бу́дут расти́	вы́растет	вы́растут
SUBJ.	рос бы		вы́рос бы	
	росла́ бы		вы́росла бы	
	росло́ бы		вы́росло бы	
	росли́ бы		вы́росли бы	
IMP.	расти́		вы́расти	
	расти́те		вы́растите	

PARTICIPLES

PRES. ACT.	расту́щий		———	
PRES. PASS.	———		———	
PAST ACT.	ро́сший		вы́росший	
PAST PASS	———		———	
ADV. PART.	———		вы́росши	

	IMPERFECTIVE ASPECT	PERFECTIVE ASPECT

INF. **рвать**

PRES.
рву	**рвём**
рвёшь	**рвёте**
рвёт	**рвут**

PAST
рвал
рвала́
рва́ло
рва́ли

FUT.
бу́ду рвать	**бу́дем рвать**
бу́дешь рвать	**бу́дете рвать**
бу́дет рвать	**бу́дут рвать**

SUBJ.
рвал бы
рвала́ бы
рва́ло бы
рва́ли бы

IMP.
рви
рви́те

PARTICIPLES

PRES. ACT. **рву́щий**

PRES. PASS. ———

PAST ACT. **рва́вший**

PAST PASS. ———

ADV. PART. ———

CUT

	IMPERFECTIVE ASPECT		PERFECTIVE ASPECT	
INF.	ре́зать		разре́зать	
PRES.	ре́жу	ре́жем		
	ре́жешь	ре́жете	———	
	ре́жет	ре́жут		
PAST	ре́зал		разре́зал	
	ре́зала		разре́зала	
	ре́зало		разре́зало	
	ре́зали		разре́зали	
FUT.	бу́ду ре́зать	бу́дем ре́зать	разре́жу	разре́жем
	бу́дешь ре́зать	бу́дете ре́зать	разре́жешь	разре́жете
	бу́дет ре́зать	бу́дут ре́зать	разре́жет	разре́жут
SUBJ.	ре́зал бы		разре́зал бы	
	ре́зала бы		разре́зала бы	
	ре́зало бы		разре́зало бы	
	ре́зали бы		разре́зали бы	
IMP.	режь		разре́жь	
	ре́жьте		разре́жьте	

PARTICIPLES

PRES. ACT.	ре́жущий	———
PRES. PASS.	———	———
PAST ACT.	ре́завший	разре́завший
PAST PASS.	———	разре́занный
ADV. PART.	———	разре́зав(-ши)

SOLVE

	IMPERFECTIVE ASPECT		PERFECTIVE ASPECT	
INF.	решáть		решúть	
PRES.	решáю	решáем		
	решáешь	решáете	———	
	решáет	решáют		
PAST	решáл		решúл	
	решáла		решúла	
	решáло		решúло	
	решáли		решúли	
FUT.	бýду решáть	бýдем решáть	решý	решúм
	бýдешь решáть	бýдете решáть	решúшь	решúте
	бýдет решáть	бýдут решáть	решúт	решáт
SUBJ.	решáл бы		решúл бы	
	решáла бы		решúла бы	
	решáло бы		решúло бы	
	решáли бы		решúли бы	
IMP.	решáй		решú	
	решáйте		решúте	

PARTICIPLES

PRES. ACT.	решáющий	———
PRES. PASS.	решáемый	———
PAST ACT.	решáвший	решúвший
PAST PASS.	———	решённый (решён, решенá)
ADV. PART.	решáя	решúв(-ши)

DRAW

	IMPERFECTIVE ASPECT		PERFECTIVE ASPECT	
INF.	рисова́ть		нарисова́ть	
PRES.	рису́ю	рису́ем		
	рису́ешь	рису́ете	———	
	рису́ет	рису́ют		
PAST	рисова́л		нарисова́л	
	рисова́ла		нарисова́ла	
	рисова́ло		нарисова́ло	
	рисова́ли		нарисова́ли	
FUT.	бу́ду рисова́ть	бу́дем рисова́ть	нарису́ю	нарису́ем
	бу́дешь рисова́ть	бу́дете рисова́ть	нарису́ешь	нарису́ете
	бу́дет рисова́ть	бу́дут рисова́ть	нарису́ет	нарису́ют
SUBJ.	рисова́л бы		нарисова́л бы	
	рисова́ла бы		нарисова́ла бы	
	рисова́ло бы		нарисова́ло бы	
	рисова́ли бы		нарисова́ли бы	
IMP.	рису́й		нарису́й	
	рису́йте		нарису́йте	

PARTICIPLES

PRES. ACT.	рису́ющий	———
PRES. PASS.	рису́емый	———
PAST ACT.	рисова́вший	нарисова́вший
PAST PASS.	———	нарисо́ванный
ADV. PART.	рису́я	нарисова́в(-ши)

BE BORN

IMPERFECTIVE ASPECT		PERFECTIVE ASPECT	
INF.	рожда́ться		роди́ться	

	IMPERFECTIVE ASPECT		PERFECTIVE ASPECT	
PRES.	рожда́юсь	рожда́емся		
	рожда́ешься	рожда́етесь	———	
	рожда́ется	рожда́ются		
PAST	рожда́лся		роди́лся (родился́)	
	рожда́лась		роди́лась (роди́лась)	
	рожда́лось		роди́лось (роди́лось)	
	рожда́лись		роди́лись (роди́лись)	
FUT.	бу́ду рожда́ться	бу́дем рожда́ться	рожу́сь	роди́мся
	бу́дешь рожда́ться	бу́дете рожда́ться	роди́шься	роди́тесь
	бу́дет рожда́ться	бу́дут рожда́ться	роди́тся	родя́тся
SUBJ.	рожда́лся бы		роди́лся (родился́) бы	
	рожда́лась бы		роди́лась (роди́лась) бы	
	рожда́лось бы		роди́лось (роди́лось) бы	
	рожда́лись бы		роди́лись (роди́лись) бы	
IMP.	рожда́йся		роди́сь	
	рожда́йтесь		роди́тесь	

PARTICIPLES

PRES. ACT.	рожда́ющийся		———
PRES. PASS.	———		———
PAST ACT.	рожда́вшийся		роди́вшийся
PAST PASS.	———		———
ADV. PART.	рожда́ясь		роди́вшись

SIT DOWN

	IMPERFECTIVE ASPECT		PERFECTIVE ASPECT	
INF.	сади́ться		сесть	
PRES.	сажу́сь	сади́мся	———	
	сади́шься	сади́тесь		
	сади́тся	садя́тся		
PAST	сади́лся		сел	
	сади́лась		се́ла	
	сади́лось		се́ло	
	сади́лись		се́ли	
FUT.	бу́ду сади́ться	бу́дем сади́ться	ся́ду	ся́дем
	бу́дешь сади́ться	бу́дете сади́ться	ся́дешь	ся́дете
	бу́дет сади́ться	бу́дут сади́ться	ся́дет	ся́дут
SUBJ.	сади́лся бы		сел бы	
	сади́лась бы		се́ла бы	
	сади́лось бы		се́ло бы	
	сади́лись бы		се́ли бы	
IMP.	сади́сь		сядь	
	сади́тесь		ся́дьте	

PARTICIPLES

PRES. ACT.	сада́щийся	———
PRES. PASS.	———	———
PAST ACT.	сади́вшийся	се́вший
PAST PASS.	———	———
ADV. PART.	садя́сь	се́в (-ши)

GET ANGRY

	IMPERFECTIVE ASPECT		PERFECTIVE ASPECT	
INF.	серди́ться		рассерди́ться	
PRES.	сержу́сь	се́рдимся	———	
	се́рдишься	се́рдитесь		
	се́рдится	се́рдятся		
PAST	серди́лся		рассерди́лся	
	серди́лась		рассерди́лась	
	серди́лось		рассерди́лось	
	серди́лись		рассерди́лись	
FUT.	бу́ду серди́ться	бу́дем серди́ться	рассержу́сь	рассе́рдимся
	бу́дешь серди́ться	бу́дете серди́ться	рассе́рдишься	рассе́рдитесь
	бу́дет серди́ться	бу́дут серди́ться	рассе́рдится	рассе́рдятся
SUBJ.	серди́лся бы		рассерди́лся бы	
	серди́лась бы		рассерди́лась бы	
	серди́лось бы		рассерди́лось бы	
	серди́лись бы		рассерди́лись бы	
IMP.	серди́сь		рассерди́сь	
	серди́тесь		рассерди́тесь	

PARTICIPLES

PRES. ACT.	серди́щийся	———
PRES. PASS.	———	———
PAST ACT.	серди́вшийся	рассерди́вшийся
PAST PASS.	———	———
ADV. PART.	сердя́сь	рассерди́вшись

BE SITTING

	IMPERFECTIVE ASPECT		PERFECTIVE ASPECT	
INF.	сиде́ть		посиде́ть	
PRES.	сижу́ сиди́шь сиди́т	сиди́м сиди́те сидя́т	———	
PAST	сиде́л сиде́ла сиде́ло сиде́ли		посиде́л посиде́ла посиде́ло посиде́ли	
FUT.	бу́ду сиде́ть бу́дешь сиде́ть бу́дет сиде́ть	бу́дем сиде́ть бу́дете сиде́ть бу́дут сиде́ть	посижу́ посиди́шь посиди́т	посиди́м посиди́те посидя́т
SUBJ.	сиде́л бы сиде́ла бы сиде́ло бы сиде́ли бы		посиде́л бы посиде́ла бы посиде́ло бы посиде́ли бы	
IMP.	сиди́ сиди́те		посиди́ посиди́те	

PARTICIPLES

PRES. ACT.	сидя́щий	———
PRES. PASS.	———	———
PAST ACT.	сиде́вший	посиде́вший
PAST PASS.	———	———
ADV. PART.	си́дя	посиде́в(-ши)

FOLLOW

	IMPERFECTIVE ASPECT		PERFECTIVE ASPECT	
INF.	слéдовать		послéдовать	
PRES.	слéдую	слéдуем		
	слéдуешь	слéдуете	———	
	слéдует	слéдуют		
PAST	слéдовал		послéдовал	
	слéдовала		послéдовала	
	слéдовало		послéдовало	
	слéдовали		послéдовали	
FUT.	бýду слéдовать	бýдем слéдовать	послéдую	послéдуем
	бýдешь слéдовать	бýдете слéдовать	послéдуешь	послéдуете
	бýдет слéдовать	бýдут слéдовать	послéдует	послéдуют
SUBJ.	слéдовал бы		послéдовал бы	
	слéдовала бы		послéдовала бы	
	слéдовало бы		послéдовало бы	
	слéдовали бы		послéдовали бы	
IMP.	слéдуй		послéдуй	
	слéдуйте		послéдуйте	

PARTICIPLES

PRES. ACT.	слéдующий		———
PRES. PASS.	———		———
PAST ACT.	слéдовавший		послéдовавший
PAST PASS.	———		———
ADV. PART.	слéдуя		послéдовав(-ши)

LISTEN

	IMPERFECTIVE ASPECT		PERFECTIVE ASPECT	
INF.	слу́шать		послу́шать	
PRES.	слу́шаю	слу́шаем		
	слу́шаешь	слу́шаете	———	
	слу́шает	слу́шают		
PAST	слу́шал		послу́шал	
	слу́шала		послу́шала	
	слу́шало		послу́шало	
	слу́шали		послу́шали	
FUT.	бу́ду слу́шать	бу́дем слу́шать	послу́шаю	послу́шаем
	бу́дешь слу́шать	бу́дете слу́шать	послу́шаешь	послу́шаете
	бу́дет слу́шать	бу́дут слу́шать	послу́шает	послу́шают
SUBJ.	слу́шал бы		послу́шал бы	
	слу́шала бы		послу́шала бы	
	слу́шало бы		послу́шало бы	
	слу́шали бы		послу́шали бы	
IMP.	слу́шай		послу́шай	
	слу́шайте		послу́шайте	

PARTICIPLES

PRES. ACT.	слу́шающий	———
PRES. PASS.	———	———
PAST ACT.	слу́шавший	послу́шавший
PAST PASS.	———	———
ADV. PART.	слу́шая	послу́шав(-ши)

HEAR / CATCH SOUND OF

IMPERFECTIVE ASPECT		PERFECTIVE ASPECT	
INF.	слы́шать		услы́шать

PRES.	слы́шу	слы́шим
	слы́шишь	слы́шите
	слы́шит	слы́шат

PERFECTIVE PRES.: ————

PAST	слы́шал	услы́шал
	слы́шала	услы́шала
	слы́шало	услы́шало
	слы́шали	услы́шали

FUT.	бу́ду слы́шать	бу́дем слы́шать	услы́шу	услы́шим
	бу́дешь слы́шать	бу́дете слы́шать	услы́шишь	услы́шите
	бу́дет слы́шать	бу́дут слы́шать	услы́шит	услы́шат

SUBJ.	слы́шал бы	услы́шал бы
	слы́шала бы	услы́шала бы
	слы́шало бы	услы́шало бы
	слы́шали бы	услы́шали бы

IMP.	————	————
	————	————

PARTICIPLES

PRES. ACT.	слы́шащий	————
PRES. PASS.	————	————
PAST ACT.	слы́шавший	услы́шавший
PAST PASS.	слы́шанный	услы́шанный
ADV. PART.	слы́ша	услы́шав(-ши)

LAUGH / BEGIN TO LAUGH

	IMPERFECTIVE ASPECT		PERFECTIVE ASPECT	
INF.	смея́ться		засмея́ться	
PRES.	смею́сь	смеёмся		
	смеёшься	смеётесь	———	
	смеётся	смею́тся		
PAST	смея́лся		засмея́лся	
	смея́лась		засмея́лась	
	смея́лось		засмея́лось	
	смея́лись		засмея́лись	
FUT.	бу́ду смея́ться	бу́дем смея́ться	засмею́сь	засмеёмся
	бу́дешь смея́ться	бу́дете смея́ться	засмеёшься	засмеётесь
	бу́дет смея́ться	бу́дут смея́ться	засмеётся	засмею́тся
SUBJ.	смея́лся бы		засмея́лся бы	
	смея́лась бы		засмея́лась бы	
	смея́лось бы		засмея́лось бы	
	смея́лись бы		засмея́лись бы	
IMP.	сме́йся		засме́йся	
	сме́йтесь		засме́йтесь	

PARTICIPLES

PRES. ACT.	смею́щийся	———
PRES. PASS.	———	———
PAST ACT.	смея́вшийся	засмея́вшийся
PAST PASS.	———	———
ADV. PART.	смея́сь	засмея́вшись

	IMPERFECTIVE ASPECT		PERFECTIVE ASPECT	
INF.	смотре́ть		посмотре́ть	
PRES.	смотрю́	смо́трим	———	
	смо́тришь	смо́трите		
	смо́трит	смо́трят		
PAST	смотре́л		посмотре́л	
	смотре́ла		посмотре́ла	
	смотре́ло		посмотре́ло	
	смотре́ли		посмотре́ли	
FUT.	бу́ду смотре́ть	бу́дем смотре́ть	посмотрю́	посмо́трим
	бу́дешь смотре́ть	бу́дете смотре́ть	посмо́тришь	посмо́трите
	бу́дет смотре́ть	бу́дут смотре́ть	посмо́трит	посмо́трят
SUBJ.	смотре́л бы		посмотре́л бы	
	смотре́ла бы		посмотре́ла бы	
	смотре́ло бы		посмотре́ло бы	
	смотре́ли бы		посмотре́ли бы	
IMP.	смотри́		посмотри́	
	смотри́те		посмотри́те	

PARTICIPLES

PRES. ACT.	смотря́щий	———
PRES. PASS.	———	———
PAST ACT.	смотре́вший	посмотре́вший
PAST PASS.	———	———
ADV. PART.	смотря́	посмотре́в(-ши)

ADVISE

	IMPERFECTIVE ASPECT		PERFECTIVE ASPECT	
INF.	сове́товать		посове́товать	
PRES.	сове́тую	сове́туем		
	сове́туешь	сове́туете	———	
	сове́тует	сове́туют		
PAST	сове́товал		посове́товал	
	сове́товала		посове́товала	
	сове́товало		посове́товало	
	сове́товали		посове́товали	
FUT.	бу́ду сове́товать	бу́дем сове́товать	посове́тую	посове́туем
	бу́дешь сове́товать	бу́дете сове́товать	посове́туешь	посове́туете
	бу́дет сове́товать	бу́дут сове́товать	посове́тует	посове́туют
SUBJ.	сове́товал бы		посове́товал бы	
	сове́товала бы		посове́товала бы	
	сове́товало бы		посове́товало бы	
	сове́товали бы		посове́товали бы	
IMP.	сове́туй		посове́туй	
	сове́туйте		посове́туйте	

PARTICIPLES

PRES. ACT.	сове́тующий	———
PRES. PASS.	———	———
PAST ACT.	сове́товавший	посове́товавший
PAST PASS.	———	посове́тованный
ADV. PART.	сове́туя	посове́товав(-ши)

	IMPERFECTIVE ASPECT		PERFECTIVE ASPECT	
INF.	сохраня́ть		сохрани́ть	
PRES.	сохраня́ю	сохраня́ем	———	
	сохраня́ешь	сохраня́ете		
	сохраня́ет	сохраня́ют		
PAST	сохраня́л		сохрани́л	
	сохраня́ла		сохрани́ла	
	сохраня́ло		сохрани́ло	
	сохраня́ли		сохрани́ли	
FUT.	бу́ду сохраня́ть	бу́дем сохраня́ть	сохраню́	сохрани́м
	бу́дешь сохраня́ть	бу́дете сохраня́ть	сохрани́шь	сохрани́те
	бу́дет сохраня́ть	бу́дут сохраня́ть	сохрани́т	сохраня́т
SUBJ.	сохраня́л бы		сохрани́л бы	
	сохраня́ла бы		сохрани́ла бы	
	сохраня́ло бы		сохрани́ло бы	
	сохраня́ли бы		сохрани́ли бы	
IMP.	сохраня́й		сохрани́	
	сохраня́йте		сохрани́те	

PARTICIPLES

PRES. ACT.	сохраня́ющий	———
PRES. PASS.	сохраня́емый	———
PAST ACT.	сохраня́вший	сохрани́вший
PAST PASS.	———	сохранённый (сохранён, сохранена́)
ADV. PART.	сохраня́я	сохрани́в(-ши)

SAVE

	IMPERFECTIVE ASPECT		PERFECTIVE ASPECT	
INF.	спаса́ть		спасти́	
PRES.	спаса́ю	спаса́ем		
	спаса́ешь	спаса́ете	———	
	спаса́ет	спаса́ют		
PAST	спаса́л		спас	
	спаса́ла		спасла́	
	спаса́ло		спасло́	
	спаса́ли		спасли́	
FUT.	бу́ду спаса́ть	бу́дем спаса́ть	спасу́	спасём
	бу́дешь спаса́ть	бу́дете спаса́ть	спасёшь	спасёте
	бу́дет спаса́ть	бу́дут спаса́ть	спасёт	спасу́т
SUBJ.	спаса́л бы		спас бы	
	спаса́ла бы		спасла́ бы	
	спаса́ло бы		спасло́ бы	
	спаса́ли бы		спасли́ бы	
IMP.	спаса́й		спаси́	
	спаса́йте		спаси́те	

PARTICIPLES

PRES. ACT.	спаса́ющий	———
PRES. PASS.	спаса́емый	———
PAST ACT.	спаса́вший	спа́сший
PAST PASS.	———	спасённый (спасён, спасена́)
ADV. PART.	спаса́я	спа́сши

SLEEP

	IMPERFECTIVE ASPECT		PERFECTIVE ASPECT	
INF.	спать		поспа́ть	
PRES.	сплю	спим		
	спишь	спите	———	
	спит	спят		
PAST	спал		поспа́л	
	спала́		поспала́	
	спа́ло		поспа́ло	
	спа́ли		поспа́ли	
FUT.	бу́ду спать	бу́дем спать	посплю́	поспи́м
	бу́дешь спать	бу́дете спать	поспи́шь	поспи́те
	бу́дет спать	бу́дут спать	поспи́т	поспя́т
SUBJ.	спал бы		поспал бы	
	спала́ бы		поспала́ бы	
	спа́ло бы		поспа́ло бы	
	спа́ли бы		поспа́ли бы	
IMP.	спи		поспи́	
	спи́те		поспи́те	

PARTICIPLES

PRES. ACT.	спя́щий	———	
PRES. PASS.	———	———	
PAST ACT.	спа́вший	поспа́вший	
PAST PASS.	———	———	
ADV. PART.	———	поспа́в(-ши)	

169

HURRY

	IMPERFECTIVE ASPECT		PERFECTIVE ASPECT	
INF.	спеши́ть		поспеши́ть	
PRES.	спешу́	спеши́м	———	
	спеши́шь	спеши́те		
	спеши́т	спеша́т		
PAST	спеши́л		поспеши́л	
	спеши́ла		поспеши́ла	
	спеши́ло		поспеши́ло	
	спеши́ли		поспеши́ли	
FUT.	бу́ду спеши́ть	бу́дем спеши́ть	поспешу́	поспеши́м
	бу́дешь спеши́ть	бу́дете спеши́ть	поспеши́шь	поспеши́те
	бу́дет спеши́ть	бу́дут спеши́ть	поспеши́т	поспеша́т
SUBJ.	спеши́л бы		поспеши́л бы	
	спеши́ла бы		поспеши́ла бы	
	спеши́ло бы		поспеши́ло бы	
	спеши́ли бы		поспеши́ли бы	
IMP.	спеши́		поспеши́	
	спеши́те		поспеши́те	

PARTICIPLES

PRES. ACT.	спеша́щий	———
PRES. PASS.	———	———
PAST ACT.	спеши́вший	поспеши́вший
PAST PASS.	———	———
ADV. PART.	спеша́	поспеши́в(-ши)

ARGUE

	IMPERFECTIVE ASPECT		PERFECTIVE ASPECT	
INF.	спо́рить		поспо́рить	
PRES.	спо́рю	спо́рим		
	спо́ришь	спо́рите	———	
	спо́рит	спо́рят		
PAST	спо́рил		поспо́рил	
	спо́рила		поспо́рила	
	спо́рило		поспо́рило	
	спо́рили		поспо́рили	
FUT.	бу́ду спо́рить	бу́дем спо́рить	поспо́рю	поспо́рим
	бу́дешь спо́рить	бу́дете спо́рить	поспо́ришь	поспо́рите
	бу́дет спо́рить	бу́дут спо́рить	поспо́рит	поспо́рят
SUBJ.	спо́рил бы		поспо́рил бы	
	спо́рила бы		поспо́рила бы	
	спо́рило бы		поспо́рило бы	
	спо́рили бы		поспо́рили бы	
IMP.	спорь		поспо́рь	
	спо́рьте		поспо́рьте	

PARTICIPLES

PRES. ACT.	спо́рящий	———
PRES. PASS.	———	———
PAST ACT.	спо́ривший	поспо́ривший
PAST PASS.	———	———
ADV. PART.	спо́ря	поспо́рив(-ши)

ASK (a question)

	IMPERFECTIVE ASPECT		PERFECTIVE ASPECT	
INF.	спра́шивать		спроси́ть	
PRES.	спра́шиваю	спра́шиваем		
	спра́шиваешь	спра́шиваете	———	
	спра́шивает	спра́шивают		
PAST	спра́шивал		спроси́л	
	спра́шивала		спроси́ла	
	спра́шивало		спроси́ло	
	спра́шивали		спроси́ли	
FUT.	бу́ду спра́шивать	бу́дем спра́шивать	спрошу́	спро́сим
	бу́дешь спра́шивать	бу́дете спра́шивать	спро́сишь	спро́сите
	бу́дет спра́шивать	бу́дут спра́шивать	спро́сит	спро́сят
SUBJ.	спра́шивал бы		спроси́л бы	
	спра́шивала бы		спроси́ла бы	
	спра́шивало бы		спроси́ло бы	
	спра́шивали бы		спроси́ли бы	
IMP.	спра́шивай		спроси́	
	спра́шивайте		спроси́те	

PARTICIPLES

PRES. ACT.	спра́шивающий	———
PRES. PASS.	спра́шиваемый	———
PAST ACT.	спра́шивавший	спроси́вший
PAST PASS.	———	спро́шенный
ADV. PART.	спра́шивая	спроси́в(-ши)

LOWER
DESCEND

IMPERFECTIVE ASPECT		PERFECTIVE ASPECT	
INF. спускáть		спустѝть	
PRES. спускáю	спускáем		
спускáешь	спускáете	———	
спускáет	спускáют		
PAST спускáл		спустѝл	
спускáла		спустѝла	
спускáло		спустѝло	
спускáли		спустѝли	
FUT. бýду спускáть	бýдем спускáть	спущý	спýстим
бýдешь спускáть	бýдете спускáть	спýстишь	спýстите
бýдет спускáть	бýдут спускáть	спýстит	спýстят
SUBJ. спускáл бы		спустѝл бы	
спускáла бы		спустѝла бы	
спускáло бы		спустѝло бы	
спускáли бы		спустѝли бы	
IMP. спускáй		спустѝ	
спускáйте		спустѝте	

PARTICIPLES

PRES. ACT. спускáющий		———	
PRES. PASS. спускáемый		———	
PAST ACT. спускáвший		спустѝвший	
PAST PASS. ———		спýщенный	
ADV. PART. спускáя		спустѝв(-ши)	

СТАВИТЬ / ПОСТАВИТЬ

PLACE (upright)

	IMPERFECTIVE ASPECT		PERFECTIVE ASPECT	
INF.	ста́вить		поста́вить	
PRES.	ста́влю	ста́вим		
	ста́вишь	ста́вите	———	
	ста́вит	ста́вят		
PAST	ста́вил		поста́вил	
	ста́вила		поста́вила	
	ста́вило		поста́вило	
	ста́вили		поста́вили	
FUT.	бу́ду ста́вить	бу́дем ста́вить	поста́влю	поста́вим
	бу́дешь ста́вить	бу́дете ста́вить	поста́вишь	поста́вите
	бу́дет ста́вить	бу́дут ста́вить	поста́вит	поста́вят
SUBJ.	ста́вил бы		поста́вил бы	
	ста́вила бы		поста́вила бы	
	ста́вило бы		поста́вило бы	
	ста́вили бы		поста́вили бы	
IMP.	ставь		поста́вь	
	ста́вьте		поста́вьте	

PARTICIPLES

PRES. ACT.	ста́вящий	———
PRES. PASS.	———	———
PAST ACT.	ста́вивший	поста́вивший
PAST PASS.	———	поста́вленный
ADV. PART.	ста́вя	поста́вив(-ши)

174

BECOME

	IMPERFECTIVE ASPECT		PERFECTIVE ASPECT	
INF.	станови́ться		стать	
PRES.	становлю́сь	стано́вимся		
	стано́вишься	стано́витесь	———	
	стано́вится	стано́вятся		
PAST	станови́лся		стал	
	станови́лась		ста́ла	
	станови́лось		ста́ло	
	станови́лись		ста́ли	
FUT.	бу́ду станови́ться	бу́дем станови́ться	ста́ну	ста́нем
	бу́дешь станови́ться	бу́дете станови́ться	ста́нешь	ста́нете
	бу́дет станови́ться	бу́дут станови́ться	ста́нет	ста́нут
SUBJ.	станови́лся бы		стал бы	
	станови́лась бы		ста́ла бы	
	станови́лось бы		ста́ло бы	
	станови́лись бы		ста́ли бы	
IMP.	станови́сь		стань	
	станови́тесь		ста́ньте	

PARTICIPLES

PRES. ACT.	станови́щийся	———
PRES. PASS.	———	———
PAST ACT.	станови́вшийся	ста́вший
PAST PASS.	———	———
ADV. PART.	станови́сь	ста́в(-ши)

СТАРАТЬСЯ / ПОСТАРАТЬСЯ

ATTEMPT

	IMPERFECTIVE ASPECT		PERFECTIVE ASPECT	
INF.	стара́ться		постара́ться	
PRES.	стара́юсь	стара́емся		
	стара́ешься	стара́етесь	———	
	стара́ется	стара́ются		
PAST.	стара́лся		постара́лся	
	стара́лась		постара́лась	
	стара́лось		постара́лось	
	стара́лись		постара́лись	
FUT.	бу́ду стара́ться	бу́дем стара́ться	постара́юсь	постара́емся
	бу́дешь стара́ться	бу́дете стара́ться	постара́ешься	постара́етесь
	бу́дет стара́ться	бу́дут стара́ться	постара́ется	постара́ются
SUBJ.	стара́лся бы		постара́лся бы	
	стара́лась бы		постара́лась бы	
	стара́лось бы		постара́лось бы	
	стара́лись бы		постара́лись бы	
IMP.	стара́йся		постара́йся	
	стара́йтесь		постара́йтесь	

PARTICIPLES

PRES. ACT.	стара́ющийся	———
PRES. PASS.	———	———
PAST ACT.	стара́вшийся	постара́вшийся
PAST PASS.	———	———
ADV. PART.	стара́ясь	постара́вшись

176

	IMPERFECTIVE ASPECT		PERFECTIVE ASPECT

INF.   **стóить**

PRES. **стóю**   **стóим**
       стóишь   **стóите**
       стóит   **стóят**

PAST   **стóил**
       стóила
       стóило
       стóили

FUT.   **бýду стóить**   **бýдем стóить**
       бýдешь стóить   **бýдете стóить**
       бýдет стóить   **бýдут стóить**

SUBJ. **стóил бы**
       стóила бы
       стóило бы
       стóили бы

IMP.   ———
       ———

PARTICIPLES

PRES. ACT.   **стóящий**

PRES. PASS. ———

PAST ACT.   **стóивший**

PAST PASS.   ———

ADV. PART.   ———

BE STANDING

	IMPERFECTIVE ASPECT		PERFECTIVE ASPECT	
INF.	стоя́ть		постоя́ть	
PRES.	стою́	стои́м		
	стои́шь	стои́те	———	
	стои́т	стоя́т		
PAST	стоя́л		постоя́л	
	стоя́ла		постоя́ла	
	стоя́ло		постоя́ло	
	стоя́ли		постоя́ли	
FUT.	бу́ду стоя́ть	бу́дем стоя́ть	постою́	постои́м
	бу́дешь стоя́ть	бу́дете стоя́ть	постои́шь	постои́те
	бу́дет стоя́ть	бу́дут стоя́ть	постои́т	постоя́т
SUBJ.	стоя́л бы		постоя́л бы	
	стоя́ла бы		постоя́ла бы	
	стоя́ло бы		постоя́ло бы	
	стоя́ли бы		постоя́ли бы	
IMP.	стой		посто́й	
	сто́йте		посто́йте	

PARTICIPLES

PRES. ACT.	стоя́щий	———
PRES. PASS.	———	———
PAST ACT.	стоя́вший	постоя́вший
PAST PASS.	———	———
ADV. PART.	сто́я	постоя́в(-ши)

CUT (hair)

	IMPERFECTIVE ASPECT		PERFECTIVE ASPECT	
INF.	стричь		постри́чь	
PRES.	стригу́	стрижём		
	стрижёшь	стрижёте	———	
	стрижёт	стригу́т		
PAST	стриг		постри́г	
	стри́гла		постри́гла	
	стри́гло		постри́гло	
	стри́гли		постри́гли	
FUT.	бу́ду стричь	бу́дем стричь	постригу́	пострижём
	бу́дешь стричь	бу́дете стричь	пострижёшь	пострижёте
	бу́дет стричь	бу́дут стричь	пострижёт	постригу́т
SUBJ.	стриг бы		постри́г бы	
	стри́гла бы		постри́гла бы	
	стри́гло бы		постри́гло бы	
	стри́гли бы		постри́гли бы	
IMP.	стриги́		постриги́	
	стриги́те		постриги́те	

PARTICIPLES

PRES. ACT.	стригу́щий	———
PRES. PASS.	———	———
PAST ACT.	стри́гший	постри́гший
PAST PASS.	———	постри́женный
ADV. PART.	———	постри́гши

СТРОИТЬ / ПОСТРОИТЬ

BUILD

	IMPERFECTIVE ASPECT		PERFECTIVE ASPECT	
INF.	стро́ить		постро́ить	
PRES.	стро́ю	стро́им		
	стро́ишь	стро́ите	———	
	стро́ит	стро́ят		
PAST	стро́ил		постро́ил	
	стро́ила		постро́ила	
	стро́ило		постро́ило	
	стро́или		постро́или	
FUT.	бу́ду стро́ить	бу́дем стро́ить	постро́ю	постро́им
	бу́дешь стро́ить	бу́дете стро́ить	постро́ишь	постро́ите
	бу́дет стро́ить	бу́дут стро́ить	постро́ит	постро́ят
SUBJ.	стро́ил бы		постро́ил бы	
	стро́ила бы		постро́ила бы	
	стро́ило бы		постро́ило бы	
	стро́или бы		постро́или бы	
IMP.	строй		постро́й	
	стро́йте		постро́йте	

PARTICIPLES

PRES. ACT.	стро́ящий		———
PRES. PASS.	стро́имый		———
PAST ACT.	стро́ивший		постро́ивший
PAST PASS.	———		постро́енный
ADV. PART.	стро́я		постро́ив(-ши)

IMPERFECTIVE ASPECT		PERFECTIVE ASPECT	
INF. танцева́ть		потанцева́ть	
PRES. танцу́ю	танцу́ем	———	
танцу́ешь	танцу́ете		
танцу́ет	танцу́ют		
PAST танцева́л		потанцева́л	
танцева́ла		потанцева́ла	
танцева́ло		потанцева́ло	
танцева́ли		потанцева́ли	
FUT. бу́ду танцева́ть	бу́дем танцева́ть	потанцу́ю	потанцу́ем
бу́дешь танцева́ть	бу́дете танцева́ть	потанцу́ешь	потанцу́ете
бу́дет танцева́ть	бу́дут танцева́ть	потанцу́ет	потанцу́ют
SUBJ. танцева́л бы		потанцева́л бы	
танцева́ла бы		потанцева́ла бы	
танцева́ло бы		потанцева́ло бы	
танцева́ли бы		потанцева́ли бы	
IMP. танцу́й		потанцу́й	
танцу́йте		потанцу́йте	

PARTICIPLES

PRES. ACT. танцу́ющий		———
PRES. PASS. танцу́емый		———
PAST ACT. танцева́вший		потанцева́вший
PAST PASS. ———		———
ADV. PART. танцу́я		потанцева́в(-ши)

ENDURE

	IMPERFECTIVE ASPECT		PERFECTIVE ASPECT	
INF.	терпе́ть		потерпе́ть	
PRES.	терплю́	те́рпим		
	те́рпишь	те́рпите	———	
	те́рпит	те́рпят		
PAST	терпе́л		потерпе́л	
	терпе́ла		потерпе́ла	
	терпе́ло		потерпе́ло	
	терпе́ли		потерпе́ли	
FUT.	бу́ду терпе́ть	бу́дем терпе́ть	потерплю́	поте́рпим
	бу́дешь терпе́ть	бу́дете терпе́ть	поте́рпишь	поте́рпите
	бу́дет терпе́ть	бу́дут терпе́ть	поте́рпит	поте́рпят
SUBJ.	терпе́л бы		потерпе́л бы	
	терпе́ла бы		потерпе́ла бы	
	терпе́ло бы		потерпе́ло бы	
	терпе́ли бы		потерпе́ли бы	
IMP.	терпи́		потерпи́	
	терпи́те		потерпи́те	

PARTICIPLES

PRES. ACT.	те́рпящий	———
PRES. PASS.	терпи́мый	———
PAST ACT.	терпе́вший	потерпе́вший
PAST PASS.	———	———
ADV. PART.	терпя́	потерпе́в(-ши)

LOSE
BE LOST

	IMPERFECTIVE ASPECT		PERFECTIVE ASPECT	
INF.	теря́ть		потеря́ть	
PRES.	теря́ю	теря́ем		
	теря́ешь	теря́ете	———	
	теря́ет	теря́ют		
PAST	теря́л		потеря́л	
	теря́ла		потеря́ла	
	теря́ло		потеря́ло	
	теря́ли		потеря́ли	
FUT.	бу́ду теря́ть	бу́дем теря́ть	потеря́ю	потеря́ем
	бу́дешь теря́ть	бу́дете теря́ть	потеря́ешь	потеря́ете
	бу́дет теря́ть	бу́дут теря́ть	потеря́ет	потеря́ют
SUBJ.	теря́л бы		потеря́л бы	
	теря́ла бы		потеря́ла бы	
	теря́ло бы		потеря́ло бы	
	теря́ли бы		потеря́ли бы	
IMP.	теря́й		потеря́й	
	теря́йте		потеря́йте	

PARTICIPLES

PRES. ACT.	теря́ющий	———
PRES. PASS.	теря́емый	———
PAST ACT.	теря́вший	потеря́вший
PAST PASS.	———	поте́рянный
ADV. PART.	теря́я	потеря́в(-ши)

DEMAND

	IMPERFECTIVE ASPECT		PERFECTIVE ASPECT	
INF.	тре́бовать		потре́бовать	
PRES.	тре́бую	тре́буем		
	тре́буешь	тре́буете	———	
	тре́бует	тре́буют		
PAST	тре́бовал		потре́бовал	
	тре́бовала		потре́бовала	
	тре́бовало		потре́бовало	
	тре́бовали		потре́бовали	
FUT.	бу́ду тре́бовать	бу́дем тре́бовать	потре́бую	потре́буем
	бу́дешь тре́бовать	бу́дете тре́бовать	потре́буешь	потре́буете
	бу́дет тре́бовать	бу́дут тре́бовать	потре́бует	потре́буют
SUBJ.	тре́бовал бы		потре́бовал бы	
	тре́бовала бы		потре́бовала бы	
	тре́бовало бы		потре́бовало бы	
	тре́бовали бы		потре́бовали бы	
IMP.	тре́буй		потре́буй	
	тре́буйте		потре́буйте	

PARTICIPLES

PRES. ACT.	тре́бующий	———
PRES. PASS.	тре́буемый	———
PAST ACT.	тре́бовавший	потре́бовавший
PAST PASS.	———	потре́бованный
ADV. PART.	тре́буя	потре́бовав(-ши)

KILL

IMPERFECTIVE ASPECT		PERFECTIVE ASPECT	
INF. убива́ть		уби́ть	
PRES. убива́ю	убива́ем		
убива́ешь	убива́ете	———	
убива́ет	убива́ют		
PAST убива́л		уби́л	
убива́ла		уби́ла	
убива́ло		уби́ло	
убива́ли		уби́ли	
FUT. бу́ду убива́ть	бу́дем убива́ть	убью́	убьём
бу́дешь убива́ть	бу́дете убива́ть	убьёшь	убьёте
бу́дет убива́ть	бу́дут убива́ть	убьёт	убью́т
SUBJ. убива́л бы		уби́л бы	
убива́ла бы		уби́ла бы	
убива́ло бы		уби́ло бы	
убива́ли бы		уби́ли бы	
IMP. убива́й		убе́й	
убива́йте		убе́йте	

PARTICIPLES

PRES. ACT. убива́ющий		———
PRES. PASS. убива́емый		———
PAST ACT. убива́вший		уби́вший
PAST PASS. ———		уби́тый
ADV. PART. убива́я		уби́в(-ши)

RESPECT

	IMPERFECTIVE ASPECT	PERFECTIVE ASPECT

INF.   уважа́ть

PRES.   уважа́ю   уважа́ем
        уважа́ешь   уважа́ете
        уважа́ет   уважа́ют

PAST   уважа́л
        уважа́ла
        уважа́ло
        уважа́ли

FUT.   бу́ду уважа́ть   бу́дем уважа́ть
        бу́дешь уважа́ть   бу́дете уважа́ть
        бу́дет уважа́ть   бу́дут уважа́ть

SUBJ.   уважа́л бы
        уважа́ла бы
        уважа́ло бы
        уважа́ли бы

IMP.   уважа́й
        уважа́йте

PARTICIPLES

PRES. ACT.   уважа́ющий

PRES. PASS.   уважа́емый

PAST ACT.   уважа́вший

PAST PASS.   ———

ADV. PART.   уважа́я

HAVE SUPPER

	IMPERFECTIVE ASPECT		PERFECTIVE ASPECT	
INF.	у́жинать		поу́жинать	
PRES.	у́жинаю	у́жинаем		
	у́жинаешь	у́жинаете	———	
	у́жинает	у́жинают		
PAST	у́жинал		поу́жинал	
	у́жинала		поу́жинала	
	у́жинало		поу́жинало	
	у́жинали		поу́жинали	
FUT.	бу́ду у́жинать	бу́дем у́жинать	поу́жинаю	поу́жинаем
	бу́дешь у́жинать	бу́дете у́жинать	поу́жинаешь	поу́жинаете
	бу́дет у́жинать	бу́дут у́жинать	поу́жинает	поу́жинают
SUBJ.	у́жинал бы		поу́жинал бы	
	у́жинала бы		поу́жинала бы	
	у́жинало бы		поу́жинало бы	
	у́жинали бы		поу́жинали бы	
IMP.	у́жинай		поу́жинай	
	у́жинайте		поу́жинайте	

PARTICIPLES

PRES. ACT.	у́жинающий		———
PRES. PASS.	———		———
PAST ACT.	у́жинавший		поу́жинавший
PAST PASS.	———		———
ADV. PART.	у́жиная		поу́жинав(-ши)

PACK

	IMPERFECTIVE ASPECT		PERFECTIVE ASPECT	
INF.	укла́дывать		уложи́ть	
PRES.	укла́дываю	укла́дываем		
	укла́дываешь	укла́дываете	———	
	укла́дывает	укла́дывают		
PAST	укла́дывал		уложи́л	
	укла́дывала		уложи́ла	
	укла́дывало		уложи́ло	
	укла́дывали		уложи́ли	
FUT.	бу́ду укла́дывать	бу́дем укла́дывать	уложу́	уло́жим
	бу́дешь укла́дывать	бу́дете укла́дывать	уло́жишь	уло́жите
	бу́дет укла́дывать	бу́дут укла́дывать	уло́жит	уло́жат
SUBJ.	укла́дывал бы		уложи́л бы	
	укла́дывала бы		уложи́ла бы	
	укла́дывало бы		уложи́ло бы	
	укла́дывали бы		уложи́ли бы	
IMP.	укла́дывай		уложи́	
	укла́дывайте		уложи́те	

PARTICIPLES

PRES. ACT.	укла́дывающий	———
PRES. PASS.	укла́дываемый	———
PAST ACT.	укла́дывавший	уложи́вший
PAST PASS.	———	уло́женный
ADV. PART.	укла́дывая	уложи́в(-ши)

KNOW HOW

	IMPERFECTIVE ASPECT		PERFECTIVE ASPECT	
INF.	уме́ть		суме́ть	
PRES.	уме́ю	уме́ем		
	уме́ешь	уме́ете	————	
	уме́ет	уме́ют		
PAST	уме́л		суме́л	
	уме́ла		суме́ла	
	уме́ло		суме́ло	
	уме́ли		суме́ли	
FUT.	бу́ду уме́ть	бу́дем уме́ть	суме́ю	суме́ем
	бу́дешь уме́ть	бу́дете уме́ть	суме́ешь	суме́ете
	бу́дет уме́ть	бу́дут уме́ть	суме́ет	суме́ют
SUBJ.	уме́л бы		суме́л бы	
	уме́ла бы		суме́ла бы	
	уме́ло бы		суме́ло бы	
	уме́ли бы		суме́ли бы	
IMP.	уме́й		суме́й	
	уме́йте		суме́йте	

PARTICIPLES

PRES. ACT.	уме́ющий	————
PRES. PASS.	————	————
PAST ACT.	уме́вший	суме́вший
PAST PASS.	————	————
ADV. PART.	уме́я	суме́в(-ши)

DIE

	IMPERFECTIVE ASPECT		PERFECTIVE ASPECT	
INF.	умира́ть		умере́ть	
PRES.	умира́ю	умира́ем		
	умира́ешь	умира́ете	———	
	умира́ет	умира́ют		
PAST	умира́л		у́мер	
	умира́ла		умерла́	
	умира́ло		у́мерло	
	умира́ли		у́мерли	
FUT.	бу́ду умира́ть	бу́дем умирать	умру́	умрём
	бу́дешь умира́ть	бу́дете умира́ть	умрёшь	умрёте
	бу́дет умира́ть	бу́дут умира́ть	умрёт	умру́т
SUBJ.	умира́л бы		у́мер бы	
	умира́ла бы		умерла́ бы	
	умира́ло бы		умерло́ бы	
	умира́ли бы		умерли́ бы	
IMP.	умира́й		умри́	
	умира́йте		умри́те	

PARTICIPLES

PRES. ACT.	умира́ющий	———
PRES. PASS.	———	———
PAST ACT.	умира́вший	у́мерший
PAST PASS.	———	———
ADV. PART.	умира́я	у́мерши, умере́в

HAVE TIME

	IMPERFECTIVE ASPECT		PERFECTIVE ASPECT	
INF.	успевáть		успéть	
PRES.	успевáю	успевáем		
	успевáешь	успевáете	———	
	успевáет	успевáют		
PAST	успевáл		успéл	
	успевáла		успéла	
	успевáло		успéло	
	успевáли		успéли	
FUT.	бýду успевáть	бýдем успевáть	успéю	успéем
	бýдешь успевáть	бýдете успевáть	успéешь	успéете
	бýдет успевáть	бýдут успевáть	успéет	успéют
SUBJ.	успевáл бы		успéл бы	
	успевáла бы		успéла бы	
	успевáло бы		успéло бы	
	успевáли бы		успéли бы	
IMP.	успевáй		успéй	
	успевáйте		успéйте	

PARTICIPLES

PRES. ACT.	успевáющий	———
PRES. PASS.	———	———
PAST ACT.	успевáвший	успéвший
PAST PASS.	———	———
ADV. PART.	успевáя	успéв(-ши)

ARRANGE

	IMPERFECTIVE ASPECT		PERFECTIVE ASPECT	
INF.	устра́ивать		устро́ить	
PRES.	устра́иваю	устра́иваем		
	устра́иваешь	устра́иваете	———	
	устра́ивает	устра́ивают		
PAST	устра́ивал		устро́ил	
	устра́ивала		устро́ила	
	устра́ивало		устро́ило	
	устра́ивали		устро́или	
FUT.	бу́ду устра́ивать	бу́дем устра́ивать	устро́ю	устро́им
	бу́дешь устра́ивать	бу́дете устра́ивать	устро́ишь	устро́ите
	бу́дет устра́ивать	бу́дут устра́ивать	устро́ит	устро́ят
SUBJ.	устра́ивал бы		устро́ил бы	
	устра́ивала бы		устро́ила бы	
	устра́ивало бы		устро́ило бы	
	устра́ивали бы		устро́или бы	
IMP.	устра́ивай		устро́й	
	устра́ивайте		устро́йте	

PARTICIPLES

PRES. ACT.	устра́ивающий	———
PRES. PASS.	устра́иваемый	———
PAST ACT.	устра́ивавший	устро́ивший
PAST PASS.	———	устро́енный
ADV. PART.	устра́ивая	устро́ив(-ши)

TEACH
LEARN

	IMPERFECTIVE ASPECT		PERFECTIVE ASPECT	
INF.	учи́ть		вы́учить	
PRES.	учу́	у́чим	———	
	у́чишь	у́чите		
	у́чит	у́чат		
PAST	учи́л		вы́учил	
	учи́ла		вы́учила	
	учи́ло		вы́учило	
	учи́ли		вы́учили	
FUT.	бу́ду учи́ть	бу́дем учи́ть	вы́учу	вы́учим
	бу́дешь учи́ть	бу́дете учи́ть	вы́учишь	вы́учите
	бу́дет учи́ть	бу́дут учи́ть	вы́учит	вы́учат
SUBJ.	учи́л бы		вы́учил бы	
	учи́ла бы		вы́учила бы	
	учи́ло бы		вы́учило бы	
	учи́ли бы		вы́учили бы	
IMP.	учи́		вы́учи	
	учи́те		вы́учите	

PARTICIPLES

PRES. ACT.	уча́щий	———
PRES. PASS.	———	———
PAST ACT.	учи́вший	вы́учивший
PAST PASS.	———	вы́ученный
ADV. PART.	уча́	вы́учив(-ши)

WALK

IMPERFECTIVE

	INDETERMINATE		DETERMINATE	
INF.	ходи́ть		идти́	
PRES.	хожу́	хо́дим	иду́	идём
	хо́дишь	хо́дите	идёшь	идёте
	хо́дит	хо́дят	идёт	иду́т
PAST	ходи́л		шёл	
	ходи́ла		шла	
	ходи́ло		шло	
	ходи́ли		шли	
FUT.	бу́ду ходи́ть	бу́дем ходи́ть	бу́ду идти́	бу́дем идти́
	бу́дешь ходи́ть	бу́дете ходи́ть	бу́дешь идти́	бу́дете идти́
	бу́дет ходи́ть	бу́дут ходи́ть	бу́дет идти́	бу́дут идти́
SUBJ.	ходи́л бы		шёл бы	
	ходи́ла бы		шла бы	
	ходи́ло бы		шло бы	
	ходи́ли бы		шли бы	
IMP.	ходи́		иди́	
	ходи́те		иди́те	

PARTICIPLES

PRES. ACT.	ходя́щий		иду́щий
PRES. PASS.	———		———
PAST ACT.	ходи́вший		ше́дший
PAST PASS.	———		———
ADV. PART.	ходя́		идя́

WANT

	IMPERFECTIVE ASPECT		PERFECTIVE ASPECT	
INF.	хоте́ть		захоте́ть	
PRES.	хочу́	хоти́м	———	
	хо́чешь	хоти́те		
	хо́чет	хотя́т		
PAST	хоте́л		захоте́л	
	хоте́ла		захоте́ла	
	хоте́ло		захоте́ло	
	хоте́ли		захоте́ли	
FUT.	бу́ду хоте́ть	бу́дем хоте́ть	захочу́	захоти́м
	бу́дешь хоте́ть	бу́дете хоте́ть	захо́чешь	захоти́те
	бу́дет хоте́ть	бу́дут хоте́ть	захо́чет	захотя́т
SUBJ.	хоте́л бы		захоте́л бы	
	хоте́ла бы		захоте́ла бы	
	хоте́ло бы		захоте́ло бы	
	хоте́ли бы		захоте́ли бы	
IMP.	———		———	
	———		———	

PARTICIPLES

PRES. ACT.	хотя́щий	———
PRES. PASS.	———	———
PAST ACT.	хоте́вший	захоте́вший
PAST PASS.	———	———
ADV. PART.	———	захоте́в(-ши)

KISS

	IMPERFECTIVE ASPECT		PERFECTIVE ASPECT	
INF.	целова́ть		поцелова́ть	
PRES.	целу́ю	целу́ем	———	
	целу́ешь	целу́ете		
	целу́ет	целу́ют		
PAST	целова́л		поцелова́л	
	целова́ла		поцелова́ла	
	целова́ло		поцелова́ло	
	целова́ли		поцелова́ли	
FUT.	бу́ду целова́ть	бу́дем целова́ть	поцелу́ю	поцелу́ем
	бу́дешь целова́ть	бу́дете целова́ть	поцелу́ешь	поцелу́ете
	бу́дет целова́ть	бу́дут целова́ть	поцелу́ет	поцелу́ют
SUBJ.	целова́л бы		поцелова́л бы	
	целова́ла бы		поцелова́ла бы	
	целова́ло бы		поцелова́ло бы	
	целова́ли бы		поцелова́ли бы	
IMP.	целу́й		поцелу́й	
	целу́йте		поцелу́йте	

PARTICIPLES

PRES. ACT.	целу́ющий	———
PRES. PASS.	целу́емый	———
PAST ACT.	целова́вший	поцелова́вший
PAST PASS.	———	поцело́ванный
ADV. PART.	целу́я	поцелова́в(-ши)

CLEAN

	IMPERFECTIVE ASPECT		PERFECTIVE ASPECT	
INF.	чи́стить		вы́чистить	
PRES.	чи́щу	чи́стим		
	чи́стишь	чи́стите	————	
	чи́стит	чи́стят		
PAST	чи́стил		вы́чистил	
	чи́стила		вы́чистила	
	чи́стило		вы́чистило	
	чи́стили		вы́чистили	
FUT.	бу́ду чи́стить	бу́дем чи́стить	вы́чищу	вы́чистим
	бу́дешь чи́стить	бу́дете чи́стить	вы́чистишь	вы́чистите
	бу́дет чи́стить	бу́дут чи́стить	вы́чистит	вы́чистят
SUBJ.	чи́стил бы		вы́чистил бы	
	чи́стила бы		вы́чистила бы	
	чи́стило бы		вы́чистило бы	
	чи́стили бы		вы́чистили бы	
IMP.	чи́сти		вы́чисти	
	чи́стите		вы́чистите	

PARTICIPLES

PRES. ACT.	чи́стящий	————
PRES. PASS.	————	————
PAST ACT.	чи́стивший	вы́чистивший
PAST PASS.	————	вы́чищенный
ADV. PART.	чи́стя	вы́чистив(-ши)

ЧИТАТЬ / ПРОЧИТАТЬ

READ

	IMPERFECTIVE ASPECT		PERFECTIVE ASPECT	
INF.	чита́ть		прочита́ть	
PRES.	чита́ю	чита́ем		
	чита́ешь	чита́ете	———	
	чита́ет	чита́ют		
PAST	чита́л		прочита́л	
	чита́ла		прочита́ла	
	чита́ло		прочита́ло	
	чита́ли		прочита́ли	
FUT.	бу́ду чита́ть	бу́дем чита́ть	прочита́ю	прочита́ем
	бу́дешь чита́ть	бу́дете чита́ть	прочита́ешь	прочита́ете
	бу́дет чита́ть	бу́дут чита́ть	прочита́ет	прочита́ют
SUBJ.	чита́л бы		прочита́л бы	
	чита́ла бы		прочита́ла бы	
	чита́ло бы		прочита́ло бы	
	чита́ли бы		прочита́ли бы	
IMP.	чита́й		прочита́й	
	чита́йте		прочита́йте	

PARTICIPLES

PRES. ACT.	чита́ющий	———
PRES. PASS.	чита́емый	———
PAST ACT.	чита́вший	прочита́вший
PAST PASS.	———	прочи́танный
ADV. PART.	чита́я	прочита́в(-ши)

FEEL

	IMPERFECTIVE ASPECT		PERFECTIVE ASPECT	
INF.	чу́вствовать		почу́вствовать	
PRES.	чу́вствую	чу́вствуем		
	чу́вствуешь	чу́вствуете		
	чу́вствует	чу́вствуют	———	
PAST	чу́вствовал		почу́вствовал	
	чу́вствовала		почу́вствовала	
	чу́вствовало		почу́вствовало	
	чу́вствовали		почу́вствовали	
FUT.	бу́ду чу́вствовать	бу́дем чу́вствовать	почу́вствую	почу́вствуем
	бу́дешь чу́вствовать	бу́дете чу́вствовать	почу́вствуешь	почу́вствуете
	бу́дет чу́вствовать	бу́дут чу́вствовать	почу́вствует	почу́вствуют
SUB.	чу́вствовал бы		почу́вствовал бы	
	чу́вствовала бы		почу́вствовала бы	
	чу́вствовало бы		почу́вствовало бы	
	чу́вствовали бы		почу́вствовали бы	
IMP.	чу́вствуй		почу́вствуй	
	чу́вствуйте		почу́вствуйте	

PARTICIPLES

PRES. ACT.	чу́вствующий	———
PRES. PASS.	чу́вствуемый	———
PAST ACT.	чу́вствовавший	почу́вствовавший
PAST PASS.	———	почу́вствованный
ADV. PART.	чу́вствуя	почу́вствовав(-ши)

MAKE NOISE

	IMPERFECTIVE ASPECT		PERFECTIVE ASPECT	
INF.	шуме́ть		зашуме́ть	
PRES.	шумлю́	шуми́м	——	
	шуми́шь	шуми́те		
	шуми́т	шумя́т		
PAST	шуме́л		зашуме́л	
	шуме́ла		зашуме́ла	
	шуме́ло		зашуме́ло	
	шуме́ли		зашуме́ли	
FUT.	бу́ду шуме́ть	бу́дем шуме́ть	зашумлю́	зашуми́м
	бу́дешь шуме́ть	бу́дете шуме́ть	зашуми́шь	зашуми́те
	бу́дет шуме́ть	бу́дут шуме́ть	зашуми́т	зашумя́т
SUBJ.	шуме́л бы		зашуме́л бы	
	шуме́ла бы		зашуме́ла бы	
	шуме́ло бы		зашуме́ло бы	
	шуме́ли бы		зашуме́ли бы	
IMP.	шуми́		зашуми́	
	шуми́те		зашуми́те	

PARTICIPLES

PRES. ACT.	шумя́щий	——
PRES. PASS.	——	——
PAST ACT.	шуме́вший	зашуме́вший
PAST PASS.	——	——
ADV. PART.	шумя́	зашуме́в(-ши)

JOKE

	IMPERFECTIVE ASPECT		PERFECTIVE ASPECT	
INF.	шути́ть		пошути́ть	
PRES.	шучу́	шу́тим	———	
	шу́тишь	шу́тите		
	шу́тит	шу́тят		
PAST	шути́л		пошути́л	
	шути́ла		пошути́ла	
	шути́ло		пошути́ло	
	шути́ли		пошути́ли	
FUT.	бу́ду шути́ть	бу́дем шути́ть	пошучу́	пошу́тим
	бу́дешь шути́ть	бу́дете шути́ть	пошу́тишь	пошу́тите
	бу́дет шути́ть	бу́дут шути́ть	пошу́тит	пошу́тят
SUBJ.	шути́л бы		пошути́л бы	
	шути́ла бы		пошути́ла бы	
	шути́ло бы		пошути́ло бы	
	шути́ли бы		пошути́ли бы	
IMP.	шути́		пошути́	
	шути́те		пошути́те	

PARTICIPLES

PRES. ACT.	шутя́щий		———	
PRES. PASS.	———		———	
PAST ACT.	шути́вший		пошути́вший	
PAST PASS.	———		———	
ADV. PART.	шутя́		пошути́в(-ши)	

ENGLISH-RUSSIAN INDEX

The English-Russian Index includes all verbs listed in the Russian-English Index. When two verbs are listed and separated by a slash, the first is imperfective and the second is perfective. When only one verb is listed, its aspect is indicated by I or P. Two verbs separated by an asterisk form a double-imperfective pair, and the third verb following the slash serves as perfective for both of them.

The case required by each verb is indicated in the manner shown below. Required prepositions have been included.

	persons	*things*
Genitive	кого	чего
Dative	кому	чему
Accusative	кого	что
Instrumental	кем	чем
Prepositional	(о) ком	(о) чём

accept принима́ть/приня́ть, кого-что,

accomplish сде́лать Р что

ache боле́ть (2)

acquaint знако́мить/познако́мить, кого-что, с кем-чем

acquire приобрета́ть/приобрести́, кого-что

advise сове́товать/посове́товать, кому-чему, что

answer отвеча́ть/отве́тить, кому-чему, на что, за кого-что, чем

argue спо́рить/поспо́рить, с кем-чем, о ком-чём

arrange устра́ивать/устро́ить, что

ask (a question) спра́шивать/спроси́ть, кого-что, у кого-чего, о ком-чём

assign задава́ть/зада́ть, что, кому-чему

attempt стара́ться/постара́ться

attract привлека́ть/привле́чь, кого-что, к чему, чем

avoid избега́ть/избежа́ть, кого-чего

bake печь/испе́чь, что

be быть I

be able мочь/смочь

be afraid of боятся/побоя́ться, кого-чего

be born рожда́ться/роди́ться

be distinguished отлича́ться/отличи́ться, чем

be hanging висе́ть I

be ill боле́ть I, чем

be interested интересова́ться/заинтересова́ться, кем-чем

be late опа́здывать/опозда́ть, на что

be lost теря́ться/потеря́ться, пропада́ть/пропа́сть

be lying лежа́ть/полежа́ть

be pleasing нра́виться/понра́виться, кому-чему

be sitting сиде́ть/посиде́ть

be standing стоя́ть/постоя́ть

be uneasy беспоко́иться/обеспоко́иться, о ком-чём

become станови́ться/стать, кем-чем

become accustomed привыка́ть/привы́кнуть, к кому-чему

become changed изменя́ться/измени́ться

become ill заболе́ть Р, чем

begin начина́ть/нача́ть, что

begin to laugh засмея́ться Р

believe ве́рить/пове́рить, кому-чему, в кого-что

blame обвиня́ть/обвини́ть, кого-что, в чём

blow дуть/поду́ть

break off обрыва́ть/оборва́ть, что

bring приноси́ть/принести́, кого-что

bring (someone) приводи́ть/привести́, кого-что

bring by vehicle привози́ть/привезти́, кого-что

bring to a stop остана́вливать/останови́ть, кого-что

build стро́ить/постро́ить, что

burn горе́ть/сгоре́ть (intransitive), жечь/сжечь, кого-что

buy покупа́ть/купи́ть, что

call звать/позва́ть, кого-что

carry носи́ть*нести́/понести́, кого-что

carry across переноси́ть/перенести́, кого-что

carry away относи́ть/отнести́, кого-что, уноси́ть/унести́, кого-что

carry by vehicle вози́ть*везти́/повезти́, кого-что

carry in вноси́ть/внести́, кого-что, во что

carry out выноси́ть/вы́нести, кого-что, из чего

catch лови́ть/пойма́ть, кого-что

catch cold простужа́ться/простуди́ться

catch sight of уви́деть Р, кого-что

catch sound of услы́шать Р, кого-что

change изменя́ть/измени́ть, кого-что

choose избира́ть/избра́ть, кого-что

clean чи́стить/вы́чистить, что

close закрыва́ть/закры́ть, что

collect собира́ть/собра́ть, кого-что

come by vehicle приезжа́ть/прие́хать

come down сходи́ть/сойти́, с чего

come flying прилета́ть/прилете́ть

come on foot приходи́ть/прийти́

come to a stop остана́вливаться/останови́ться

complain жа́ловаться/пожа́ловаться, на кого-что кому-чему

conceal скрыва́ть/скрыть, кого-что, от кого-чего

concern каса́ться/косну́ться, кого-чего

conclude заключа́ть/заключи́ть, что

consider рассма́тривать/рассмотре́ть, что

consume съесть Р что

continue продожа́ть/продо́лжить, что

correct поправля́ть/попра́вить, кого-что

cost сто́ить I, что

count счита́ть/сосчита́ть, кого-что

cover покрыва́ть/покры́ть, кого-что, чем

create создава́ть/созда́ть, что
cross out зачёркивать/зачер-
  кну́ть, что
cure вы́лечить Р, кого-что, от чего
cut ре́зать/разре́зать, кого-что
cut (hair) стричь/постри́чь, кого-что

dance танцева́ть/потанцева́ть, что
demand тре́бовать/потре́бовать,
  чего, от кого
descend спуска́ться/спусти́ться
describe опи́сывать/описа́ть, кого-
  что
destroy разруша́ть/разру́шить, что
develop разраба́тывать/разрабо́тать,
  что
die умира́ть/умере́ть
differentiate различа́ть/различи́ть,
  кого-что
disappear исчеза́ть/исче́знуть
distinguish отлича́ть/отличи́ть,
  кого-что, от кого-чего
distract развлека́ть/развле́чь, кого,
  чем
do де́лать/сде́лать, что
draw рисова́ть/нарисова́ть, кого-что
dress одева́ть/оде́ть, кого-что
drink пить/вы́пить, что
drive by проезжа́ть/прое́хать
drive in въезжа́ть/въе́хать, во что
drive out выезжа́ть/вы́ехать, из чего
drop in заходи́ть/зайти́, к кому, за
  кем-чем

earn зараба́тывать/зарабо́тать, что
eat есть/съесть, что
elect выбира́ть/вы́брать, кого-что
endure терпе́ть/потерпе́ть, кого-что
enjoy по́льзоваться/воспо́льзо-
  ваться, чем

enroll поступа́ть/поступи́ть
exchange перемени́ть/перемени́ть,
  кого-что
exclude исключа́ть/исключи́ть,
  кого-что, из чего
excuse извиня́ть/извини́ть, кого-
  что, за что
explain объясня́ть/объясни́ть, что,
  кому-чему
explode взрыва́ть/взорва́ть, что, чем
export вывози́ть/вы́везти, кого-что
express выража́ть/вы́разить, что

fall па́дать/упа́сть
fall asleep засыпа́ть/засну́ть
feel чу́вствовать/почу́вствовать,
  что
find находи́ть/найти́, кого-что
find out узнава́ть/узна́ть, кого-что,
  о ком-чём
finish конча́ть/ко́нчить, что, чем
fly лета́ть*лете́ть/полете́ть
fly away улета́ть/улете́ть
fly in влета́ть/влете́ть
fly out вылета́ть/вы́лететь
follow сле́довать/после́довать, за
  кем-чем, кому-чему
forget забыва́ть/забы́ть, кого-что, о
  ком-чём
forgive проща́ть/прости́ть, кого
  (Acc.), что кому-чему
foresee предви́деть I, что
foretell предска́зывать/предсказа́ть,
  что
freeze замерза́ть/замёрзнуть
fulfil выполня́ть/вы́полнить, что

gather собира́ться/собра́ться
get acquainted знако́миться/позна-
  ко́миться, с кем-чем

get angry сердиться/рассердиться,
  на кого-что
get dressed одеваться/одеться
get off сходить/сойти, с чего
get to попадать/попасть, во что
get undressed раздеваться/раздеться
get up вставать/встать
get well поправляться/поправиться
give давать/дать, кого-что, кому-
  чему
give a shout крикнуть Р, на кого,
  от чего
give away отдавать/отдать, кого-
  что, кому-чему
give back возвращать/возвратить,
  кого-что, кому-чему
go back возвращаться/возвратиться
grow расти I
grow up вырасти Р

hate ненавидеть I, кого-что, за что
have иметь I, кого-что
have breakfast завтракать/позав-
  тракать
have dinner обедать/пообедать
have supper ужинать/поужинать
have time успевать/успеть
hear слышать I, кого-что, о ком-чём
help помогать/помочь, кому-чему,
  чем, в чём
hide прятать/спрятать, кого-что
hinder мешать/помешать, кому-чему
hire нанимать/нанять, кого-что
hit попадать/попасть, в кого-что,
  чем
hold держать I, кого-что
hope надеяться/понадеяться, на
  кого-что
hunt ловить/поймать, кого-что
hurry спешить/поспешить

import ввозить/ввезти, кого-что,
  во что
include включать/включить,
  кого-что, во что
intend собираться/собраться
interest интересовать/заинтересо-
  вать, кого-что
introduce вводить/ввести, кого-что
invent изобретать/изобрести, что
invite приглашать/пригласить,
  кого-что

joke шутить/пошутить, над кем-чем,
  с кем-чем
jump прыгать/прыгнуть

keep сохранять/сохранить, кого-что
kill убивать/убить, кого-что
kiss целовать/поцеловать, кого-что
know знать I, кого-что, о ком-чём
know how уметь/суметь

lag behind отставать/отстать, от
  кого-чего
laugh смеяться I, над кем-чем
lead водить*вести/повести, кого-что
lead in вводить/ввести, кого-что, во
  что
lead out выводить/вывести, кого-что
learn изучить Р, кого-что
leave behind оставлять/оставить,
  кого-что
leave by vehicle уезжать/уехать
leave on foot уходить/уйти
lie down ложиться/лечь
like любить/полюбить, кого-что
listen слушать/послушать, кого-что
live жить I
look at смотреть/посмотреть, на
  кого-что

look over осма́тривать/осмотре́ть, кого́-что
lose теря́ть/потеря́ть, кого́-что
lose (a game) прои́грывать/проигра́ть, что
love люби́ть/полюби́ть, кого́-что
lower спуска́ть/спусти́ть, кого́-что

make a mistake ошиба́ться/ошиби́ться, в ком-чём
make noise шуме́ть/зашуме́ть
make uneasy беспоко́ить/обеспоко́ить, кого́-что
marry (of a man) жени́ться I, P, на ком
meet встреча́ть/встре́тить, кого́-что
memorize запомина́ть/запо́мнить, кого́-что
move дви́гать/дви́нуть, что

name звать/позва́ть, кого́-что, называ́ть/назва́ть, кого́-что, кем-чем
narrate расска́зывать/рассказа́ть, что, о ком-чем, кому́-чему
note down запи́сывать/записа́ть, кого́-что
notice замеча́ть/заме́тить, кого́-что

obtain достава́ть/доста́ть, что
occupy занима́ть/заня́ть, кого́-что
open открыва́ть/откры́ть, что
order зака́зывать/заказа́ть, что
outdistance обгоня́ть/обогна́ть, кого́-что

pack укла́дывать/уложи́ть, что
pass (an exam.) выде́рживать/вы́держать, что
pay плати́ть/заплати́ть, что, за что, кому́-чему

photograph снима́ть/снять, кого́-что
place (flat) класть/положи́ть, кого́-что
place (upright) ста́вить/поста́вить, кого́-что
play игра́ть/сыгра́ть, во что (game), на чём (musical instrument)
pour лить/нали́ть, что
prefer предпочита́ть/предпоче́сть, кого́-что, кому́-чему
prepare гото́вить/пригото́вить, кого́-что
prescribe пропи́сывать/прописа́ть, кого́-что, кому́
present представля́ть/предста́вить, кого́-что, кому́-чему
press жать/пожа́ть, что
produce выраба́тывать/вы́работать, что
promise обеща́ть I, P, что, кому́-чему
pronounce произноси́ть/произнести́, что
prove дока́зывать/доказа́ть, что, кому́-чему
pull out вытя́гивать/вы́тянуть, что
punish нака́зывать/наказа́ть, кого́-что, за что
put on надева́ть/наде́ть, что, на кого́-что

raise поднима́ть/подня́ть, кого́-что
read чита́ть/прочита́ть, кого́-что
receive получа́ть/получи́ть, что
recognize признава́ть/призна́ть, что
refuse отка́зывать/отказа́ть, кому́-чему, в чём
remain остава́ться/оста́ться

remember по́мнить/вспо́мнить, кого́-что, о ком-чём

rent снима́ть/снять, что

rent (out) сдава́ть/сдать, что, кому́-чему́

repeat повторя́ть/повтори́ть, что

replace заменя́ть/замени́ть, кого́-что, кем-чем

request проси́ть/попроси́ть, кого́-что, чего́

respect уважа́ть I, кого́-что, за что

rest отдыха́ть/отдохну́ть

return (give back) возвраща́ть/возврати́ть, кого́-что, кому́-чему́

return (go back) возвраща́ться/возврати́ться

rewrite перепи́сывать/переписа́ть, что

ride е́здить*е́хать/пое́хать

ring звони́ть/позвони́ть, кому́

run бе́гать*бежа́ть/побежа́ть

run away убега́ть/убежа́ть

run in вбега́ть/вбежа́ть, во что

run out выбега́ть/вы́бежать

rush броса́ться/бро́ситься

save спаса́ть/спасти́, кого́-что, от кого́-чего́

say говори́ть/сказа́ть, что, кому́-чему́

say farewell проща́ться/прости́ться, с кем-чем

search for иска́ть/поиска́ть, кого́-что

see ви́деть I, кого́-что

seem каза́ться/показа́ться, кем-чем

sell продава́ть/прода́ть, кого́-что, кому́-чему́

send посыла́ть/посла́ть, кого́-что

set (table) накрыва́ть/накры́ть, что, чем

shave брить/побри́ть, кого́-что

shave oneself бри́ться/побри́ться

shout крича́ть I, на кого́-что, о ком-чём

show пока́зывать/показа́ть, кому́-чему́, кого́-что

sign подпи́сывать/подписа́ть, что

sing петь/спеть, что

sit down сади́ться/сесть

sleep спать/поспа́ть

smoke кури́ть/покури́ть, что

solve реша́ть/реши́ть, что

spend (time) проводи́ть/провести́, что

steal красть/укра́сть,/кого́-что, у кого́

study занима́ться/заня́ться, чем, изуча́ть/изучи́ть, что, учи́ться/вы́учиться, чему́

subscribe выпи́сывать/вы́писать, что

summon вызыва́ть/вы́звать, кого́-что, на что

swim пла́вать*плыть/поплы́ть

swim up to доплыва́ть/доплы́ть, до кого́-чего́

switch on включа́ть/включи́ть, что

switch off выключа́ть/вы́ключить, что

take брать/взять, кого́-что, у кого́

take a walk гуля́ть/погуля́ть

take (someone) away уводи́ть/увести́, кого́

take away (by vehicle) отвози́ть/отвезти́/кого́-что, увози́ть/увезти́, кого́-что

take care of бере́чь/побере́чь, кого́-что

take off снима́ть/снять, что

talk говори́ть/поговори́ть, о ком-чём, с кем-чем

teach преподава́ть I, что, кому,
учи́ть/вы́учить, кого-что, чему
tear рвать I, что
tear off отрыва́ть/оторва́ть, что
tear to bits разрыва́ть/разорва́ть,
кого-что
thank благодари́ть/поблагодари́ть,
кого-что, за что
think ду́мать/поду́мать, о ком-чём
throw броса́ть/бро́сить, кого-что
tidy up убира́ть/убра́ть, что
touch каса́ться/косну́ться, кого-
чего
transfer переводи́ть/перевести́,
кого-что
translate переводи́ть/перевести́,
кого-что
transmit передава́ть/переда́ть, кого-
что, кому-чему
travel путеше́ствовать I
treat лечи́ть I, кого-что
turn out ока́зываться/оказа́ться

underline подчёркивать/подчерк-
ну́ть, что
understand понима́ть/поня́ть, кого-
что
undress раздева́ть/разде́ть, кого-что
use по́льзоваться/воспо́льзоваться,
чем

verify проверя́ть/прове́рить, кого-
что
visit посеща́ть/посети́ть, кого-что

wait ждать/подожда́ть, кого-что or
кого-чего
wake буди́ть/разбуди́ть, кого-что
wake up просыпа́ться/просну́ться
walk ходи́ть*идти́/пойти́
walk across переходи́ть/перейти́, что
or через что
walk around обходи́ть/обойти́, кого-
что
walk away отходи́ть/отойти́, от кого-
чего
walk in входи́ть/войти́, во что
walk out выходи́ть/вы́йти, из чего
walk past проходи́ть/пройти́
walk up to подходи́ть/подойти́, к
кому-чему
want хоте́ть/захоте́ть, чего
wash мыть/вы́мыть, кого-что
wash oneself мы́ться/вы́мыться
weep пла́кать/запла́кать
win выи́грывать/вы́играть, что
wish жела́ть/пожела́ть, кому-чему,
чего
work рабо́тать/порабо́тать, над чем
write писа́ть/написа́ть, что, о ком-
чём, кому-чему, чем

RUSSIAN-ENGLISH INDEX

THE RUSSIAN-ENGLISH INDEX contains over 600 Russian verbs in alphabetical order. Imperfective verbs are designated by I and perfective verbs by P. A definition is given for a perfective verb only when it differs significantly from that given for its imperfective counterpart. The English definitions given here are frequently not the only ones possible for each verb. For more complete definitions, a dictionary should be consulted.

The foremat of the index is as follows:

1) Verbs followed only by an English definition are conjugated in the book and are listed there in alphabetical order.

2) Verbs followed by another verb not in parentheses are conjugated in the book and are listed there under the verb that follows. These are generally perfective counterparts of listed imperfective verbs.

3) Prefixed verbs followed by a verb in parentheses are not conjugated in the book. They differ from the verb in parentheses only in prefix. Thus their conjugations are easily learned by looking at that of the verb in parentheses which is conjugated in the book. (Remember that perfective verbs are listed under their imperfective counterparts). An asterisk indicates a shift of stress which is apparent from the infinitive and is retained throughout the conjugation.

доплы́ть Р доплыва́ть
достава́ть I (встава́ть) obtain
доста́ть Р (встать)
ду́мать I think
дуть I blow

е́здить I ride
есть I eat
е́хать I е́здить

жа́ловаться I complain
жать I press
ждать I wait
жела́ть I wish
жени́ться I, Р marry (said of a man)
жечь I burn
жить I live

заболе́ть Р боле́ть become ill
забыва́ть I forget
забы́ть Р забыва́ть
за́втракать I have breakfast
задава́ть I (дава́ть) assign
зада́ть Р (дать)
заинтересова́ть Р интересова́ть
заинтересова́ться Р интересова́ться
зайти́ Р (войти́)
заказа́ть Р зака́зывать
зака́зывать I order
заключа́ть I (включа́ть) conclude
заключи́ть Р (включи́ть)
закрыва́ть I close
закры́ть Р закрыва́ть
замени́ть Р (измени́ть)
заменя́ть I (изменя́ть) replace
замерза́ть I freeze
замёрзнуть Р замерза́ть
заме́тить Р замеча́ть
замеча́ть I notice
занима́ть I occupy

занима́ться I study
заня́ть Р занима́ть
заня́ться Р занима́ться
записа́ть Р запи́сывать
запи́сывать I note down
заплакать Р пла́кать
заплати́ть Р плати́ть
запомина́ть I memorize
запо́мнить Р запомина́ть
зараба́тывать I earn
зарабо́тать Р зараба́тывать
засмея́ться Р смея́ться begin to
    laugh
засну́ть Р (просну́ться)
засыпа́ть I (просыпа́ться) fall
    asleep
заходи́ть I (входи́ть) drop in
захоте́ть Р хоте́ть
зачёркивать I cross out
зачеркну́ть Р зачёркивать
зашуме́ть Р шуме́ть
звать I call, name
звони́ть I ring
знако́мить I acquaint
знако́миться I get acquainted
знать I know

игра́ть I play
идти́ I ходи́ть
избега́ть I (вбега́ть) avoid
избежа́ть Р (вбежа́ть)
избира́ть I choose
избра́ть Р избира́ть
извини́ть Р извиня́ть
извиня́ть I excuse
измени́ть Р изменя́ть
измени́ться Р изменя́ться
изменя́ть I change
изменя́ться I become changed
изобрести́ Р изобрета́ть

изобретать I invent
изучать I study
изучить Р изучать learn
иметь I have
интересовать I interest
интересоваться I be interested
искать I search for
исключать I (включать) exclude
исключить Р (включить)
испечь Р печь
исчезать I disappear
исчезнуть Р исчезать

казаться I seem
касаться I touch, concern
класть I place (flat)
кончать I finish
кончить Р кончать
коснуться Р касаться
красть I steal
крикнуть Р кричать give a shout
кричать I shout
купить Р покупать
курить I smoke

лежать I be lying
летать I fly
лететь I летать
лечить I treat
лечь Р ложиться
лить I pour
ловить I hunt, catch
ложиться I lie down
любить I like, love

мешать I hinder
мочь I be able
мыть I wash
мыться I wash oneself

надевать I (одевать) put on
надеть Р (одеть)
надеяться I hope
назвать Р называть
называть I name
найти Р (войти)
наказать Р (заказать)
наказывать I (заказывать) punish
накрывать I (закрывать) set (table)
накрыть Р (закрыть)
налить Р лить
нанимать I (занимать) hire
нанять Р (занять)
написать Р писать
нарисовать Р рисовать
находить I (входить) find
начать Р начинать
начинать I begin
ненавидеть I (видеть) hate
нести I носить
носить I carry
нравиться I be pleasing

обвинить Р (извинить)
обвинять I (извинять) blame
обгонять I outdistance
обедать I have dinner
беспокоить Р беспокоить
обеспокоиться Р беспокоиться
обещать I, Р promise
обогнать Р обгонять
обойти Р (войти)
оборвать Р (взорвать)
обрывать I (взрывать) break off
обходить I (входить) walk around
объяснить Р объяснять
объяснять I explain
одевать I dress
одеваться I get dressed
одеть Р одевать

оде́ться P одева́ться
оказа́ться P (заказа́ть)
ока́зываться I (зака́зывать)　turn out
опа́здывать I　be late
описа́ть P (записа́ть)
опи́сывать I (запи́сывать)　describe
опозда́ть P опа́здывать
осма́тривать I　look over
осмотре́ть P осма́тривать
остава́ться I　remain
оста́вить P оставля́ть
оставля́ть I　leave behind
остана́вливать I　bring to a stop
остана́вливаться I　come to a stop
останови́ть P остана́вливать
останови́ться P остана́вливаться
оста́ться P остава́ться
отвезти́ P (ввезти́)
отве́тить P отвеча́ть
отвеча́ть I　answer
отвози́ть I (ввози́ть)　take away (by car)
отдава́ть I (дава́ть)　give away
отда́ть P (дать)
отдохну́ть P отдыха́ть
отдыха́ть I　rest
отказа́ть P (заказа́ть)
отка́зывать I (зака́зывать)　refuse
открыва́ть I (закрыва́ть)　open
откры́ть P (закры́ть)
отлича́ть I　distinguish
отлича́ться I　be distinguished
отличи́ть P отлича́ть
отличи́ться P отлича́ться
отнести́ P (внести́)
относи́ть I (вноси́ть)　carry away
отойти́ P (войти́)
оторва́ть P (взорва́ть)
отрыва́ть I (взрыва́ть)　tear off
отстава́ть I (встава́ть)　lag behind

отста́ть P (встать)
отходи́ть I (входи́ть)　walk away
ошиба́ться I　make a mistake
ошиби́ться P ошиба́ться

па́дать I　fall
перевести́ P (ввести́)
переводи́ть I (вводи́ть)　transfer, translate
передава́ть I (дава́ть)　transmit
переда́ть P (дать)
перейти́ P (войти́)
перемени́ть P (измени́ть)
переменя́ть I (изменя́ть)　exchange
перенести́ P (внести́)
переноси́ть I (вноси́ть)　carry across
переписа́ть P (записа́ть)
перепи́сывать I (запи́сывать)　re-write
переходи́ть I (входи́ть)　walk across
петь I　sing
печь I　bake
писа́ть I　write
пить I　drink
пла́вать I　swim
пла́кать I　weep
плати́ть I　pay
плыть I пла́вать
побежа́ть P (вбежа́ть)
побере́чь P бере́чь
поблагодари́ть P благодари́ть
побри́ть P брить
побри́ться P бри́ться
повезти́ P (ввезти́)
повести́ P (ввести́)
пове́рить P ве́рить
повтори́ть P повторя́ть
повторя́ть I　repeat
погуля́ть P гуля́ть
поднима́ть I (занима́ть)　raise

213

поднять P (занять)
подождать P ждать
подойти P (войти)
подписать P (записать)
подписывать I (записывать)   sign
подумать P думать
подуть P дуть
подходить I (входить)   walk up to
подчёркивать I (зачёркивать)
   underline
подчеркнуть P (зачеркнуть)
поехать P (въехать)
пожаловаться P жаловаться
пожать P жать
пожелать P желать
позавтракать P завтракать
позвать P звать
позвонить P звонить
познакомить P знакомить
познакомиться P знакомиться
поискать P искать
поймать P ловить
пойти P (войти)
показать P (заказать)
показаться P казаться
показывать I (заказывать)   show
покрывать I (закрывать)   cover
покрыть P (закрыть)
покупать I   buy
покурить P курить
полежать P лежать
полететь P (влететь)
положить P класть
получать I   receive
получить P получать
пользоваться I   use, enjoy
полюбить P любить
помешать P мешать
помнить I   remember
помогать I   help

помочь P помогать
понадеяться P надеяться
понести P (внести)
понимать I (занимать)   understand
понравиться P нравиться
понять P (занять)
пообедать P обедать
попадать* I (падать)   hit, get to
попасть P (упасть)
поплыть P (доплыть)
поправить P поправлять
поправиться P поправляться
поправлять I   correct
поправляться I   get well
попросить P просить
попутешествовать P путешествовать
поработать P работать
посетить P посещать
посещать I   visit
посидеть P сидеть
послать P посылать
последовать P следовать
послушать P слушать
посмотреть P смотреть
посоветовать P советовать
поспать P спать
поспешить P спешить
поспорить P спорить
поставить P ставить
постараться P стараться
постоять P стоять
постричь P стричь
построить P строить
поступать I   enroll
поступить P поступать
посылать I   send
потанцевать P танцевать
потерпеть P терпеть
потерять P терять
потребовать P требовать

поу́жинать Р у́жинать
поцелова́ть Р целова́ть
почу́вствовать Р чу́вствовать
пошути́ть Р шути́ть
предви́деть I (ви́деть) foresee
предпоче́сть Р предпочита́ть
предпочита́ть I prefer
предсказа́ть Р рассказа́ть)
предска́зывать I (расска́зывать)
  foretell
предста́вить Р (оста́вить)
представля́ть I (оставля́ть) present
преподава́ть I (дава́ть) teach
привезти́ Р (ввезти́)
привести́ Р (ввести́)
привлека́ть I attract
привле́чь Р привлека́ть
приводи́ть I (вводи́ть) bring (someone)
привози́ть I (ввози́ть) bring by car
привыка́ть I become accustomed
привы́кнуть Р привыка́ть
пригласи́ть Р приглаша́ть
приглаша́ть I invite
пригото́вить Р гото́вить
приезжа́ть I (въезжа́ть) come by
  car
прие́хать Р (въе́хать)
признава́ть I recognize
призна́ть Р признава́ть
прийти́ Р приходи́ть
прилета́ть I (влета́ть) come flying
прилете́ть Р (влете́ть)
принести́ Р (внести́)
принима́ть I (занима́ть) accept
приноси́ть I (вноси́ть) bring (carry)
приня́ть Р (заня́ть)
приобрести́ Р (изобрести́)
приобрета́ть I (изобрета́ть) acquire
приходи́ть I come on foot

прове́рить Р проверя́ть
проверя́ть I verify
провести́ Р (ввести́)
проводи́ть I (вводи́ть) spend (time)
продава́ть I (дава́ть) sell
прода́ть Р (дать)
продолжа́ть I continue
продо́лжить Р продолжа́ть
проезжа́ть I (въезжа́ть) drive by
прое́хать Р (въе́хать)
проигра́ть Р (сыгра́ть)
проигрывать I (выи́грывать) lose
  (a game)
произнести́ Р (внести́)
произноси́ть I (вноси́ть) pronounce
пройти́ Р (войти́)
пропада́ть* I (па́дать) be lost
пропа́сть Р (упа́сть)
прописа́ть Р (записа́ть)
пропи́сывать I (запи́сывать)
  prescribe
проси́ть I request
просну́ться Р просыпа́ться
прости́ть Р проща́ть
прости́ться Р проща́ться
простуди́ться Р простужа́ться
простужа́ться I catch cold
просыпа́ться I wake up
проходи́ть I (входи́ть) walk past
прочита́ть Р чита́ть
проща́ть I forgive
проща́ться I say farewell
пры́гать I jump
пры́гнуть Р пры́гать
пря́тать I hide
путеше́ствовать I travel

рабо́тать I work
разбуди́ть Р буди́ть
развлека́ть I (привлека́ть) distract

215

развлéчь Р (привлéчь)
раздевáть I (одевáть) undress
раздевáться I (одевáться) get undressed
раздéть Р (одéть)
раздéться Р (одéться)
различáть I (отличáть) differentiate
различи́ть Р (отличи́ть)
разорвáть Р (взорвáть)
разрабáтывать I (зарабáтывать) develop
разрабóтать Р (зарабóтать)
разрéзать Р рéзать
разрушáть I destroy
разрýшить Р разрушáть
разрывáть I (взрывáть) tear to bits
рассерди́ться Р серди́ться
рассказáть Р расскáзывать
расскáзывать I narrate
рассмáтривать I (осмáтривать) consider
рассмотрéть Р (осмотрéть)
расти́ I grow
рвать I tear
рéзать I cut
решáть I solve
реши́ть Р решáть
рисовáть I draw
роди́ться Р рождáться
рождáться I be born

сади́ться I sit down
сгорéть Р горéть
сдавáть I (давáть) rent (out)
сдать Р (дать)
сдéлать Р дéлать accomplish
серди́ться I get angry
сесть Р сади́ться
сжечь Р жечь
сидéть I be sitting

сказáть Р говори́ть say
скрывáть I (закрывáть) conceal
скрыть Р (закры́ть)
слéдовать I follow
слýшать I listen
слы́шать I hear
смеáться I laugh
смотрéть I look at
смочь Р мочь
снимáть I (занимáть) take off, photograph, rent
снять Р (заня́ть)
собирáть I (избирáть) collect
собирáться I (избирáть) gather, intend
собрáть Р (избрáть)
собрáться Р (избрáть)
совéтовать I advise
создавáть I (давáть) create
создáть Р (дать)
сойти́ Р (войти́)
сосчитáть Р (прочитáть)
сохрани́ть Р сохраня́ть
сохраня́ть I keep
спасáть I save
спасти́ Р спасáть
спать I sleep
спеть Р петь
спеши́ть I hurry
спóрить I argue
спрáшивать I ask (a question)
спроси́ть Р спрáшивать
спря́тать Р пря́тать
спускáть I lower
спускáться I descend
спусти́ть Р спускáть
спусти́ться Р спускáться
стáвить I place (upright)
станови́ться I become
старáться I attempt

стать Р становиться
стóить I cost
стоя́ть I be standing
стричь I cut (hair)
стрóить I build
сумéть Р умéть
сходи́ть I (входи́ть) get off, come down
счита́ть I (чита́ть) count
съесть Р есть consume
сыгра́ть Р игра́ть

танцева́ть I dance
терпéть I endure
теря́ть I lose
теря́ться I be lost
трéбовать I demand

убега́ть I (вбега́ть) run away
убежа́ть Р (вбежа́ть)
убива́ть I kill
убира́ть I (избира́ть) tidy up
уби́ть Р убива́ть
убра́ть Р (избра́ть)
уважа́ть I respect
увезти́ Р (ввезти́)
увести́ Р (ввести́)
уви́деть Р ви́деть catch sight of
уводи́ть I (вводи́ть) take (someone) away
увози́ть I (ввози́ть) take away by car
уезжа́ть I (въезжа́ть) leave by car
уéхать Р (въéхать)
у́жинать I have supper

узнава́ть I (признава́ть) find out
узна́ть Р (призна́ть)
уйти́ Р (войти́)
укла́дывать I pack
укра́сть Р красть
улета́ть I (влета́ть) fly away
улетéть Р (влетéть)
уложи́ть Р укла́дывать
умерéть Р умира́ть
умéть I know how
умира́ть I die
унести́ Р (внести́)
уноси́ть I (вноси́ть) carry away
упа́сть Р па́дать
услы́шать Р слы́шать catch sound of
успева́ть I have time
успéть Р успева́ть
устра́ивать I arrange
устрóить Р устра́ивать
уходи́ть I (входи́ть) leave on foot
учи́ть I teach, learn
учи́ться I study

ходи́ть I walk
хотéть I want

целова́ть I kiss

чи́стить I clean
чита́ть I read
чу́вствовать I feel

шумéть I make noise
шути́ть I joke

Russian Grammar

on one card by J. M. C. Davidson, Edited by J. L. M. Trim   Published by Barron's Educational Series, Inc.

I. ORTHOGRAPHY

A. Stressed vowels have been accented, except é, which is always stressed.

B. VOWELS IN PAIRS (An appreciation of the relationship between these vowels is essential to Russian spelling.)

	Hard				Soft			
	а	э	ы	о	у			
	я	е	и	ё	ю			

C. LETTER COMBINATIONS (These rules are invariable, and overrule any generalizations in paradigms, etc.)

Consonants	Cannot be followed by	Use instead
г, к, х	ы, я, ю	и, а, у
ж, ч, ш, щ	ы, я, ю, unstressed о	и, а, у, е
ц	я, ю, unstressed о	а, у, е

II. NOUNS (N.B. There are no definite or indefinite articles.)

A. SUMMARY OF NOUN DECLENSIONS

(declension table — masculine, neuter, feminine singular and plural endings)

B. NOUN IRREGULARITIES

a. MASCULINE

b. FEMININE

(detailed notes on irregular masculine and feminine nouns)

III. PRONOUNS

A. Nom., Acc., Gen., Dat., Inst., Prep. — *(full pronoun declension table)*

B. Others

C. Notes

IV. ADJECTIVES

A. DECLENSION OF ADJECTIVES

1. Regular forms

	Masc.	Neut.	Fem.	Pl.

B. SHORT FORM OF ADJECTIVES

C. COMPARISON OF ADJECTIVES

1. COMPARATIVE

2. SUPERLATIVE

V. ADVERBS

FORMATION FROM ADJECTIVES

© 1984 J. M. C. Davidson (Printed in the United States of America)